AF165968

Frank Reza Links

Das Hören trainieren
Französisch
Lernjahr 1-2

Cornelsen

Der Autor:

Dr. Frank Reza Links studierte an der Universität des Saarlandes in Saarbrücken sowie an der Universidad Complutense in Madrid. Nach seiner wissenschaftlichen Tätigkeit an den Universitäten Bonn und Köln ist er Studienrat für die Fächer Französisch und Spanisch am Engelbert-von-Berg-Gymnasium in Wipperfürth sowie Moderator in der Bezirksregierung Köln. Zu seinen didaktischen Schwerpunkten gehören das Hör- und Hörsehverstehen sowie die interkulturelle Kompetenz.

Projektleitung: Juliane Maaß, Berlin
Redaktion: Judith Krieg, Berlin
Umschlagkonzeption/-gestaltung: Corinna Babylon, Berlin
Umschlagabbildungen: Shutterstock.com/petch one (französische Flagge);
Shutterstock.com/Irina Vinnikova (Schallplatte)
Layout/technische Umsetzung: fotosatz griesheim GmbH, Griesheim

www.cornelsen.de

1. Auflage 2020

Druck: H. Heenemann, Berlin

ISBN: 978-3-589-16604-6
Audio-CD 220044915

PEFC zertifiziert
Dieses Produkt stammt aus nachhaltig bewirtschafteten Wäldern und kontrollierten Quellen.
www.pefc.de

PEFC
PEFC/04-31-1156

Inhaltsverzeichnis

Vorwort

Der moderne Fremdsprachenunterricht hat sich zur Aufgabe gemacht, die Kommunikations- und Handlungsfähigkeit der Sprecherinnen und Sprecher in der Zielsprache zu fördern. Hierfür bedarf es unterschiedlicher Kompetenzen, welche die Lernenden im Verlauf der Spracherwerbsphase erlangen und beherrschen sollen. Das Unterrichtsgeschehen verläuft dabei stets multisensoriell. Daher sind im schulischen Kontext die funktional-kommunikativen Kompetenzen, wie das Leseverstehen, das Schreiben, das Sprechen und die Sprachmittlung, zentrale Bereiche des Unterrichts. Darüber hinaus erhalten das kompetenzorientierte Hörverstehen (HV) und verstärkt auch das Hörsehverstehen (HSV) eine Schlüsselrolle.

Der vorliegende Band setzt sich zum Ziel, die beiden letztgenannten Bereiche besonders zu trainieren. Lehrkräfte sowie Schülerinnen und Schülern finden hier Übungen, die unabhängig vom Lehrwerk der weiterführenden Schulen bearbeitet werden können. Zielgruppe sind Lernende im 1. und 2. Lernjahr der Sekundarstufe 1, weswegen das Sprachniveau A1 bis A1+ (mit Anteilen auf der Stufe A2) nach GeR berücksichtigt wird. Auf diese Weise bietet sich der Band ebenso zur Vorbereitung auf die DELF-Prüfung an.

Die Struktur des Buches ist in fünf Abschnitte unterteilt: Der erste Teil widmet sich der Schulung phonetischer Besonderheiten des Französischen, die vor allem zu Beginn des Spracherwerbs erlernt werden. Darüber hinaus bietet er ein Repertoire an kreativen und spielerischen Möglichkeiten, das Hör- und Hörsehverstehen ins Unterrichtsgeschehen zu integrieren. Im zweiten Teil steht das Globalverstehen im Fokus, während der dritte Teil das Selektiv- und der vierte das Detailverstehen trainieren. Im fünften Teil werden dann alle drei Bereiche in komplexen Übungs- bzw. Prüfungsaufgaben abgedeckt. Die Auswahl der Übungen berücksichtigt die gängigen Aufgabenformate aus der aktuellen fachdidaktischen Diskussion.

Thematisch orientieren sich die Hörtexte an der Lebenswelt der Kinder und Jugendlichen. Vier französische Schülerinnen und Schüler und ein Hund sorgen als Hauptfiguren vieler Übungen für einen Wiedererkennungswert beziehungsweise roten Faden. Dabei werden der Wortschatz sowie die Grammatik des jeweiligen Lernstands berücksichtigt. Ferner sprechen die Figuren in den Hörtexten das Standardfranzösisch aus Frankreich, was in der Regel der Sprachvarietät der Lehrwerke entspricht. Gleichwohl wird auf möglichst große Authentizität geachtet, was sich ggf. am Gebrauch von Vergangenheitstempora oder jugendsprachlichen Ausdrücken zeigt. Allerdings sollten diese Aspekte keine Hürde im Verstehensprozess darstellen.

Alle Abschnitte werden jeweils durch Tipps und Tricks zum Erwerb von Hörstrategien eingeleitet. Zur Binnendifferenzierung steht in zahlreichen Übungen eine *version étoile* (gekennzeichnet mit dem Sternsymbol) zur Verfügung, die vor allem leistungsstärkere Schülerinnen und Schüler fordert. Es wurde darauf geachtet, dass nicht nur Übungsmaterial zum Hörverstehen, sondern auch zum Hörsehverstehen zur Verfügung steht. In den Teilen B, C, D und E werden zur Kompetenzschulung die drei bewährten Schritte des Hör- und Hörsehverstehens, nämlich die *activités avant, pendant* und *après l'écoute* bzw. *le visionnage* beibehalten. Da der letzte Schritt meist Kompetenzen außerhalb des Hör- und Hörsehverstehens verlangt, sind diese *activités* als Vorschläge zu verstehen und können gerne angepasst oder ergänzt werden.

Frank Reza Links: Das Hören trainieren – Französisch Lernjahr 1/2 | Frankreich-Fahne: Shutterstock.com/Viktorija Reuta

Bei der Typographie haben wir uns der Einheitlichkeit wegen an die Regeln des deutschsprachigen Raums gehalten; die Lehrkraft kann jedoch mit den Schülerinnen und Schülern thematisieren, dass im französischsprachigen Raum andere Regeln gelten (Leerzeichen vor Ausrufezeichen, Fragezeichen, Doppelpunkt, nach eröffnenden und vor schließenden Anführungsstrichen).

Amusez-vous bien et bonne écoute!

Erläuterung Symbole

★ *Version étoile:* Differenzierungsaufgabe

👥 Partnerarbeit

👥 Gruppenarbeit

🐕 Tipp/Hilfestellung

Frank Reza Links: Das Hören trainieren – Französisch Lernjahr 1/2 | Frankreich-Fahne: Shutterstock.com/Viktorija Reuta; Icon Hund: Shutterstock.com/FillDmitriy Bell

Les amis du collège Trois Pins se présentent

Salut, je m'appelle Lucie Dupont et j'ai 11 ans. J'ai une sœur, Magaly, et un chien. Il s'appelle Wally et il est adorable.

Salut mes amis! Je suis Mehdi Abderrahim et j'ai 10 ans et demi. Je suis le plus jeune de nous quatre. J'ai deux frères qui m'énervent souvent. J'aime faire des activités avec mes trois amis du collège.

Bonjour à toutes et à tous! Je suis Fabrice Leroy et j'ai 12 ans. Mon sport préféré, c'est le basket.

Bonjour! Je m'appelle Coumba Diop et j'ai 11 ans aussi. Je viens du Cameroun, mais j'habite déjà depuis très longtemps en France.

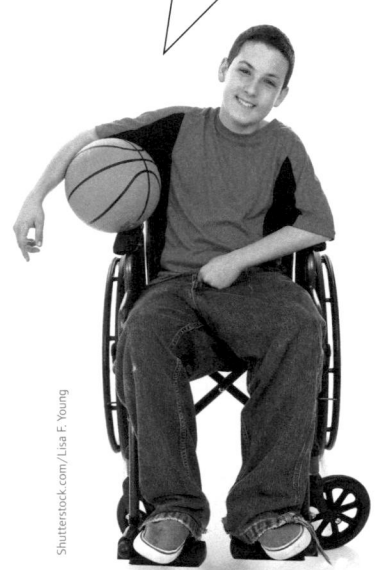

Salut, salut! Je m'appelle Wally et je suis un Briard. J'adore jouer avec mon amie Lucie et ses copains. On dit que je suis intelligent et que j'écoute très bien. Je parle même un peu allemand. Peut-être que je peux t'aider? Ouaf! Ouaf!

Frank Reza Links: Das Hören trainieren – Französisch Lernjahr 1/2 | Frankreich-Fahne: Shutterstock.com/Viktorija Reuta

Shutterstock.com/VH-studio

Shutterstock.com/Anna Om

Shutterstock.com/Lisa F. Young

Shutterstock.com/Nanette Grebe

Shutterstock.com/Eric Isselee

Selbsteinschätzungsbogen zum Hör- und Hörsehverstehen

Bevor du mit den Übungen beginnst, solltest du zunächst den folgenden Selbsteinschätzungsbogen ausfüllen. Er wird dir helfen, das Hör- und Hörsehverstehen gezielter zu trainieren. Lies dir die Aussagen durch und kreuze an. Am Ende kannst du dann deine Selbsteinschätzung auswerten.

Aussage	immer	manchmal	nie
Das Hör- und Hörsehverstehen fällt mir leicht.			
Ich verstehe alles, was gesagt wird.			
Das Hör- und Hörsehverstehen gefällt mir.			
Ich trainiere das Hör- und Hörsehverstehen auch allein mit dem *Carnet d'activités*, schaue mir Videos an oder höre französischsprachige Musik.			
Beim Lesen der Aufgaben weiß ich, was ich zu tun habe.			
Das Hör- und Hörsehverstehen hilft mir, besser auf Französisch zu schreiben oder zu sprechen.			

Auflösung

Hier kannst Du nun auflösen, was dein Ergebnis bedeutet:

3–5 Kreuze „immer"	Du bist schon ein richtiger Profi! *Félicitations*! Das Hör- und Hörsehverstehen ist eine deiner Stärken. Du kannst in diesem Buch vor allem die anspruchsvolleren Übungen und die Aufgaben zum Klassenarbeitstraining machen. **Tipp:** Versuche weiterhin, jeden Tag etwas Französisches zu hören. Sei es ein Lied oder ein Video deines Lieblings-Youtubers. Die französischsprachige YouTuber-Szene ist riesig!
3–5 Kreuze „manchmal"	Das Hör- und Hörsehverstehen klappt bei dir schon ganz gut. Mach weiter so! In diesem Buch werden dir vor allem die einzelnen Übungsschritte zum Global-, Detail- und Selektivverstehen helfen. **Tipp:** Beim Hör- und Hörsehverstehen geht es nicht darum, jedes einzelne Wort zu verstehen. Du solltest bei den Aufgabenstellungen genau darauf achten, was von dir erwartet wird. Versuche, häufiger etwas auf Französisch zu hören und nutze die Übungen in diesem Buch.
3–5 Kreuze „nie"	Bislang gehört das Hör- und Hörsehverstehen noch nicht zu deinen Lieblingsaufgaben. Aber keine Sorge! Nimm dir Zeit und gehe schrittweise vor. Dieses Buch fängt bei den einfachen Übungen an und hilft dir dabei, deine Stärken zu finden. **Tipp:** Häufiges und regelmäßiges Training macht dich zum Champion! Wie wäre es, wenn du französischsprachige Sängerinnen und Sänger oder Bands deiner Lieblingsmusikrichtung suchen oder etwas über deine Lieblingssportart auf Französisch hören würdest? Du wirst sehen, du wirst mehr verstehen, als du denkst!

Frank Reza Links: Das Hören trainieren – Französisch Lernjahr 1/2 I Frankreich-Fahne: Shutterstock.com/Viktorija Reuta

A Écouter et jouer

A.1 C'est quel mot? Unterscheidung von Minimalpaaren

Écoute le document sonore n° 1 et coche avec une croix les mots corrects. *Hör dir die Wörter von Track 1 an und kreuze jeweils das richtige Wort an.*

a) ☐ beurre   ☐ peur

b) ☐ ils ont   ☐ ils sont

c) ☐ elles vont   ☐ elles font

d) ☐ sœur   ☐ soir

e) ☐ pain   ☐ pont

f) ☐ dessert   ☐ désert

g) ☐ bureau   ☐ bourreau

h) ☐ temps   ☐ tante

A.2 Bonne question! Satzzeichen setzen

Écoute les phrases et mets le bon signe de ponctuation. *Höre die Sätze an und setze das richtige Satzzeichen.*

a) Tu es de Paris

b) Vous êtes les élèves du collège Trois Pins

c) Je suis de Berlin

d) Tu vas au lit

e) Elle fait du foot

f) Mais, ils ne prennent pas le métro, non

g) Tu fais l'exercice, maintenant

h) Nous voulons du chocolat

A.3 Le bon mot

Écoute et souligne le bon mot de la liste suivante. *Höre und unterstreiche das richtige Wort aus der folgenden Liste.*

a) les maisons / les maçons / les macarons / les maillots / les marrons

b) faisons / fêtons / vas-t-en / façon / fanon

c) un neuf / un œuf / un titeuf / un bluff / un veuf

d) la Zaz / la face / la trace / la glace / la classe

Frank Reza Links: Das Hören trainieren – Französisch Lernjahr 1/2 I Frankreich-Fahne: Shutterstock.com/Viktorija Reuta; Schallplatte: Shutterstock.com/Irina Vinnikova

A.4 «Coco câline»: Une apres-midi à la plage

1. Cherche sur Internet le clip officiel de la chanson «Coco câline» de Julien Doré. *Suche im Internet den offiziellen Musikclip des Liedes „Coco câline" von Julien Doré.*

2. Regarde le clip sans son et raconte ce que tu vois. *Schau dir den Clip ohne Ton an und erzähle, was du siehst.*

> Pour raconter ce que tu vois, tu peux dire: «Dans le clip, il y a...», «Dans le clip j'ai vu...»

3. Mets-toi debout et danse! A chaque fois que tu écoutes les mots suivants, tu fais un geste ou mouvement. *Stell dich hin und tanze! Jedes Mal, wenn du die folgenden Wörter hörst, machst du dazu eine Geste oder eine Bewegung.*

Mot/expression	Geste/mouvement
«Sur la plage, coco câline» «La plage»	
«Je te veux»	
«Ta bouche» «Sur tes lèvres»	

4. C'est à vous! Regardez le clip officiel «On écrit sur les murs» du groupe Kids United sur Internet. Quels sont les gestes ou les mouvements qui peuvent accompagner les paroles? Inventez une mini-chorégraphie. *Ihr seid dran! Schaut euch das Musikvideo „On écrit sur les murs" der Gruppe Kids United im Internet an. Welche Gesten oder Bewegungen könnten den Songtext begleiten? Denkt euch eine Mini-Choreographie aus.*

Frank Reza Links: Das Hören trainieren – Französisch Lernjahr 1/2 I Frankreich-Fahne: Shutterstock.com/Viktorija Reuta

A.5 Salut et Bonjour

1. Vous jouez à deux. D'abord, écoutez les scènes et répondez à l'oral: est-ce que les personnes se tutoient ou vouvoient? *Ihr spielt zu zweit. Hört zuerst die Szenen an und beantwortet mündlich: Duzen oder siezen sich die Personen?*

2. Maintenant, réécoutez les scènes. Comment se passe la scène? Représentez une pantomime pour montrer comment les personnes se tutoient ou se vouvoient. *Hört nun die Szenen erneut. Wie läuft die Szene jeweils ab? Spielt sie pantomimisch nach, um zu zeigen, wie sich die Personen duzen oder siezen.*

A.6 Le tableau vivant: Eine Geschichte als „lebendiges Bild" darstellen

1. Regardez la photo: qu'est-ce que vous voyez? *Schaut das Foto an: Was seht ihr?*

Tu peux commencer ta phrase par «Sur la photo, il y a... / je vois un/une/des...»

2. Maintenant, c'est à vous! Écoutez le texte et refaites le tableau. Attention: il faut seulement écouter, mais ne pas parler. Vous formez des groupes de cinq personnes et vous distribuez les rôles. Il y a Fabrice, Mehdi, Lucie, Coumba et le surveillant. *Jetzt seid ihr dran! Hört euch den Text an und stellt das Bild nach. Achtung: Es darf nur zugehört, aber nicht gesprochen werden. Bildet Gruppen aus fünf Personen und verteilt die Rollen. Es gibt Fabrice, Mehdi, Lucie, Coumba und die Aufsichtsperson.*

Frank Reza Links: Das Hören trainieren – Französisch Lernjahr 1/2 I Frankreich-Fahne: Shutterstock.com/Viktorija Reuta; Schallplatte: Shutterstock.com/Irina Vinnikova

Shutterstock.com/Sergey Novikov

Shutterstock.com/FiliDmitry Bell

A.7 Un peu de maths? Leichte Mathematikaufgaben lösen

Imagine que tu es en cours de mathématiques dans une école française. Ton professeur te donne des exercices de mathématiques. Écoute le texte. Ensuite complète les exercices. *Stell dir vor, du bist im Mathematikunterricht an einer französischen Schule. Dein Lehrer gibt dir Matheaufgaben. Höre den Text an. Dann rechne die Aufgaben.*

1. Exercices d'addition (Addition)

EXEMPLE:

$3 + 3 = 6$

→ Trois plus trois égalent six.

a) ░░░░░ + ░░░░░ = ░░░░░

b) ░░░░░ + ░░░░░ = ░░░░░

2. Exercices de soustraction (Subtraktion)

EXEMPLE:

$4 - 2 = 2$

→ Quatre moins deux égalent deux.

a) ░░░░░ – ░░░░░ = ░░░░░

b) ░░░░░ – ░░░░░ = ░░░░░

3. Exercices de multiplication (Multiplikation)

EXEMPLE:

$3 \times 4 = 12$

→ Trois fois quatre égalent douze.

a) ░░░░░ x ░░░░░ = ░░░░░

b) ░░░░░ x ░░░░░ = ░░░░░

Frank Reza Links: Das Hören trainieren – Französisch Lernjahr 1/2 | Frankreich-Fahne: Shutterstock.com/Viktorija Reuta; Schallplatte: Shutterstock.com/Irina Vinnikova

B Compréhension globale

Beim Globalverstehen geht es darum, dass ihr euch gut im Hörtext zurechtfindet. Ihr sollt das Haupt-thema verstehen. Der Wortschatz wird euch kaum Schwierigkeiten bereiten. Über unbekannte Wörter könnt ihr auch „hinweghören".

B.1 C'est où? Orte heraushören

ACTIVITÉ AVANT L'ÉCOUTE

1. Regarde les images. Qu'est-ce que tu vois? Compare tes résultats avec ta/ton partenaire. A la fin, partagez vos idées avec la classe. *Schau dir die Bilder an. Was siehst du? Vergleiche deine Ergebnisse mit deiner Partnerin / deinem Partner. Am Schluss teilt ihr eure Ideen mit der Klasse.*

> Tu peux commencer ta phrase par «Sur la photo, il y a... / je vois un/une/des...»

ACTIVITÉ PENDANT L'ÉCOUTE

2. Écoute les sons et complète chaque image de l'exercice n° 1 avec le numéro correspon-dant. *Hör dir die Töne an und schreibe an jedes Bild der Aufgabe Nr. 1 die passende Nummer.*

Frank Reza Links: Das Hören trainieren – Französisch Lernjahr 1/2 | Frankreich-Fahne: Shutterstock.com/Viktorija Reuta; Schallplatte: Shutterstock.com/Irina Vinnikova

B.2 «Mon précieux», Soprano (2017)

ACTIVITÉ AVANT LE VISIONNAGE

1. Regarde l'image à côté et décris ce que tu vois. *Schau dir das nebenstehende Bild an und beschreibe, was du siehst.*

ACTIVITÉ PENDANT LE VISIONNAGE

2. Cherche sur Internet le clip officiel «Mon précieux» de Soprano. Regarde et écoute le clip. Le vocabulaire suivant peut t'aider. *Suche im Internet das offizielle Musikvideo „Mon précieux" von Soprano. Schau und höre es dir an, auch mithilfe der folgenden Vokabeln.*

précieux *wertvoll, kostbar*	le portable *das Mobiltelefon*
les réseaux sociaux *die sozialen Netzwerke*	la relation *die Beziehung*

3. Coche la bonne version de la phrase suivante. *Kreuze die richtige Version des folgenden Satzes an.*

    Le clip parle   a) des réseaux sociaux sur un portable.

    b) de la relation entre Soprano et son portable.

    d) des problèmes avec le portable.

ACTIVITÉ APRÈS LE VISIONNAGE

4. Pose la question suivante à au moins deux de tes camarades: «Est-ce que tu aimes ou n'aimes pas le portable? Et pourquoi?» Écoute bien ce qu'ils disent et complète le tableau. Pour les rapides: tu peux aussi copier le tableau dans ton cahier et poser la question à d'autres camarades. *Stelle deinen Klassenkamerad_innen folgende Frage: „Magst du dein Mobiltelefon, oder magst du es nicht? Und warum?" Höre gut zu, was sie antworten und vervollständige die Tabelle. Für die Schnellen: Du kannst die Tabelle auch in dein Heft übertragen und noch weitere Klassenkamerad_innen befragen.*

Frank Reza Links: Das Hören trainieren – Französisch Lernjahr 1/2 I Frankreich-Fahne: Shutterstock.com/Viktorija Reuta

Nom	👍 parce que...	👎 parce que...

B.3 Pas toujours facile? «*Frère et sœur*»

ACTIVITÉ AVANT LE VISIONNAGE

1. À trois ou à quatre: faites un tour de table et terminez la phrase suivante par un adjectif. Si vous n'avez pas de frère ni de sœur, vous pouvez inventer une personne. *Arbeitet zu dritt oder viert: Jeder von euch beendet reihum den folgenden Satz mit einem Adjektiv.*

> Mon frère / ma sœur est...

ACTIVITÉ PENDANT LE VISIONNAGE

2. Cherche sur Internet le clip officiel «Frère et sœur» (2017) du conte musical «Le soldat rose à la fabrique des jouets» avec Olivia Ruiz et Renan Luce. Regarde et écoute le clip. Ensuite, coche la bonne version de la phrase suivante. *Suche im Internet das offizielle Musikvideo „Frère et sœur" aus „Le soldat rose à la fabrique des jouets" mit Olivia Ruiz und Renan Luce. Schau und höre es dir an. Dann kreuze die richtige Version des folgenden Satzes an.*

La chanson traite   a) de l'amitié entre frères et sœurs.

                         b) des problèmes entre frères et sœurs.

                         d) d'un voyage entre frères et sœurs.

ACTIVITÉ APRÈS LE VISIONNAGE

3. Écris une courte histoire (environ 50 mots) sur ton frère ou ta sœur. Si tu n'as pas de frères ni sœurs, tu peux aussi écrire sur ton frère ou ta sœur idéale. Comment est-ce qu'il/elle est? Qu'est-ce qu'il/elle aime ou n'aime pas faire? *Schreibe eine kurze Geschichte (ca. 50 Wörter) über deinen Bruder oder deine Schwester. Wenn du keine Geschwister hast, kannst du auch über einen idealen Bruder oder eine ideale Schwester schreiben. Wie ist er/sie? Was macht er/sie gerne und was nicht?*

Frank Reza Links: Das Hören trainieren – Französisch Lernjahr 1/2 | Frankreich-Fahne: Shutterstock.com/Viktorija Reuta, Daumen: Shutterstock.com/Oakozhan

B.4 Mon quartier à moi

ACTIVITÉ AVANT L'ÉCOUTE

1. Cherche les mots suivants cachés dans le tableau. *Suche die folgenden Wörter, die in der Tabelle versteckt sind.*

boulangerie, charcuterie (= Metzgerei), cinéma, rue, gauche, droite, côté, terrain, parc, café, collège, danse, promenade, supermarché, magasin

b	a	q	r	t	c	f	l	u	c	i	a
o	d	p	s	i	ô	b	n	m	o	r	t
u	o	e	r	g	t	h	g	v	l	n	f
l	d	c	a	f	é	l	a	b	l	u	m
a	a	h	e	r	t	r	u	e	è	m	a
n	j	a	o	p	a	r	c	m	g	t	g
g	m	r	w	u	a	t	h	l	e	q	a
e	r	c	d	a	n	s	e	f	b	m	s
r	z	u	t	n	g	p	i	m	l	o	i
i	f	t	a	c	i	n	é	m	a	b	n
e	h	e	l	l	o	e	p	a	s	d	e
t	p	r	o	m	e	n	a	d	e	v	b
l	e	i	s	u	r	e	à	p	l	u	s
u	t	e	r	r	a	i	n	a	e	n	m
s	u	p	e	r	m	a	r	c	h	é	q
f	t	r	b	d	r	o	i	t	e	h	g

2. Quand est-ce qu'on peut utiliser ces mots? *Wann kann man diese Wörter verwenden?*

ACTIVITÉ PENDANT L'ÉCOUTE

3. Écoute le document sonore n° 8. Quel titre va avec le texte? Choisis la bonne réponse. *Höre dir den Hörtext Nr. 8 an. Welcher Titel passt dazu? Wähle die richtige Antwort aus.*

   a) Mes amis et mes activités préférées

   b) Mon quartier et mes activités préférées

   c) Mes activités pendant la semaine

Frank Reza Links: Das Hören trainieren – Französisch Lernjahr 1 / 2 | Frankreich-Fahne: Shutterstock.com/Viktorija Reuta; Schallplatte: Shutterstock.com/Irina Vinnikova

ACTIVITÉ APRÈS L'ÉCOUTE

4. C'est à toi! Ton/Ta corres veut connaitre ton quartier et veut savoir ce que tu fais là-bas. Tu écris un e-mail et tu lui racontes. *Du bist dran! Dein_e Austauschschüler_in möchte dein Viertel kennenlernen und wissen, was du dort unternimmst. Du schreibst eine E-Mail und erzählst ihm/ihr davon.*

B.5 Les matières préférées au collège

ACTIVITÉ AVANT L'ÉCOUTE

1. Comment s'appellent les matières sur les photos? Écris le nom sous la photo. Ensuite, compare tes résultats avec ton/ta partenaire. *Wie heißen die Fächer auf den Fotos? Schreibe die Bezeichnung unter das Foto. Dann vergleiche deine Ergebnisse mit deinem Partner / deiner Partnerin.*

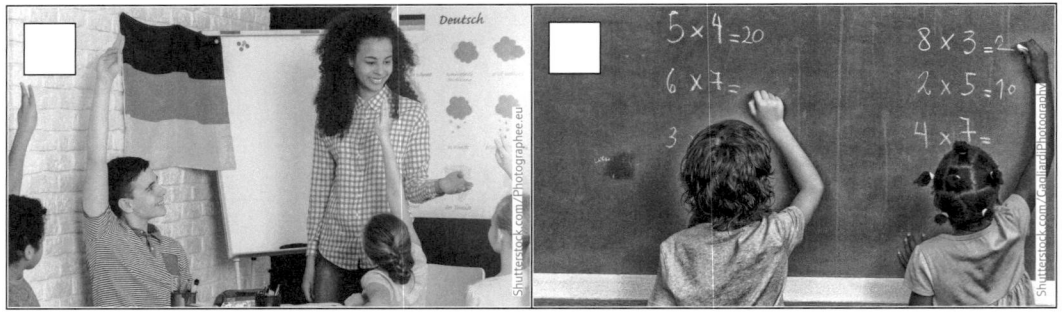

Frank Reza Links: Das Hören trainieren – Französisch Lernjahr 1 / 2 I Frankreich-Fahne: Shutterstock.com/Viktorija Reuta

ACTIVITÉ PENDANT L'ÉCOUTE

2. Les amis du collège Trois Pins se retrouvent dans la cour de récréation. Écoute le texte. De quelles matières est-ce qu'on parle? Mets les photos de l'exercice n° 1 dans le bon ordre. Attention, il y a une photo en trop. *Die Freunde vom Collège Trois Pins treffen sich auf dem Schulhof. Höre den Text an. Über welche Fächer wird gesprochen? Setze die Fotos von Aufgabe Nr. 1 in die richtige Reihenfolge. Achtung: Ein Fach bleibt übrig.*

★ 2. Les amis du collège Trois Pins se retrouvent dans la cour de récréation. Écoute le texte. Quelles sont les matières présentées? Écris le nom des matières.

a)

b)

c)

d)

e)

ACTIVITÉ APRÈS L'ÉCOUTE

3. C'est à vous! Faites une enquête en classe pour connaitre vos matières préférées. Demandez à cinq personnes au minimum. Plusieurs matières sont possibles. A la fin, présentez la matière préférée de votre fiche. *Ihr seid dran! Macht eine Umfrage in eurer Klasse und findet heraus, welche eure Lieblingsfächer sind. Fragt mindestens fünf Personen. Es können mehrere Fächer genannt werden. Am Ende stellt ihr das Fach vor, das auf dem Fragebogen am häufigsten angekreuzt wird.*

Pour poser une question à tes camarades, tu peux dire: «Quelle est ta matière préférée?»

Frank Reza Links: Das Hören trainieren – Französisch Lernjahr 1 / 2 I Frankreich-Fahne: Shutterstock.com/Viktorija Reuta; Schallplatte: Shutterstock.com/Irina Vinnikova

Shutterstock.com/FillDmitriy Bell

Nom des élèves	Allemand	Français	Anglais	SVT	Physique-Chimie	EPS	Musique	Arts Plastiques	Religion/ Philosophie	Autre

Frank Reza Links: Das Hören trainieren – Französisch Lernjahr 1/2 I Frankreich-Fahne: Shutterstock.com/Viktorija Reuta

Selbsteinschätzungsbogen zum Globalverstehen

Nachdem du nun einige Übungen zum Globalverstehen gemacht hast, kannst du den folgenden Selbsteinschätzungsbogen ausfüllen. Lies dir die Aussagen durch und kreuze an. Am Ende kannst du dann deine Selbsteinschätzung selbst auswerten.

Aussage	immer	manchmal	nie
Ich kann Hauptaussagen eines Hör- bzw. Hörsehtexts heraushören.			
Ich verstehe den verwendeten Wortschatz.			
Ich kann mit unbekannten Wörtern gut umgehen.			

Meine Tipps und Tricks
Beim Globalverstehen fällt mir besonders leicht:

Meine Trainingsziele
Beim Globalverstehen fällt mir noch schwer und daran möchte ich noch arbeiten:

Auflösung
Hier kannst Du nun auflösen, was dein Ergebnis bedeutet:

2–3 Kreuze „immer"	Du bist schon ein richtiger Profi! *Félicitations*! Das Globalverstehen bereitet dir keine Probleme.
2–3 Kreuze „manchmal"	Du hast schon gute Ansätze, das Globalverstehen zu meistern. *Pas de souci*! Übung macht den Meister und die Meisterin!
2–3 Kreuze „nie"	Das Globalverstehen bereitet dir noch Schwierigkeiten. Überlege, welche Hürden vielleicht noch im Unterricht, im Klassenraum oder beim Lernen bestehen und sprich mit deiner Lehrkraft darüber.

Frank Reza Links: Das Hören trainieren – Französisch Lernjahr 1 / 2 I Frankreich-Fahne: Shutterstock.com/Viktorija Reuta

C Compréhension sélective

Vielleicht kennst du den Begriff „selektiv" schon oder kannst ihn dir aus dem Englischen (*to select something*) herleiten? Ja, das bedeutet tatsächlich „etwas auswählen". Beim Selektivverstehen geht es genau darum! Hier sollst du wichtige Informationen, z.B. einen Namen, eine Altersangabe oder eine Uhrzeit, heraushören. Manchmal wird auch mehr gesagt. Für die Beantwortung der Aufgabe ist das aber unwichtig. Du musst also ganz genau lesen, was von dir verlangt wird. Nimm dir dafür immer Zeit!

C.1 Les amis du collège Trois Pins présentent leurs correspondants

ACTIVITÉ AVANT L'ÉCOUTE

1. Comment est-ce qu'on dit cela en français? Écris la bonne phrase dans le tableau. *Wie sagt man das auf Französisch? Schreibe den richtigen Satz in die Tabelle.*

Wie sagst du...	Réponse en français
wie dein Freund heißt?	*Mon ami / Il*
wo deine Freundin wohnt?	*Mon amie / Elle*
wie alt dein Freund ist?	
dass deine Freundin einen Bruder hat?	

ACTIVITÉ PENDANT L'ÉCOUTE

2. Les amis du collège Trois Pins vont passer les vacances de Pâques chez leurs correspondants en Allemagne. Écoute le texte et réponds aux questions suivantes. *Die Freunde vom Collège Trois Pins werden die Osterferien bei ihren Austauschpartner_innen in Deutschland verbringen. Höre den Text an und beantworte die Fragen.*

N° 10

Bei manchen Aufgaben musst du eine Zahl einfügen. Du musst diese nicht ausschreiben, sondern kannst einfach die Ziffern einsetzen.

Frank Reza Links: Das Hören trainieren – Französisch Lernjahr 1/2 | Frankreich-Fahne: Shutterstock.com/Viktorija Reuta; Schallplatte: Shutterstock.com/Irina Vinnikova

a) Comment s'appelle le corres de Fabrice? Coche la bonne réponse. *Wie heißt Fabrice'*
Austauschschüler? Kreuze die richtige Antwort an.

☐ Mirko   ☐ Marco   ☐ Mario

b) Lucie présente sa corres. Elle a quel âge? Complète le blanc. *Lucie stellt ihre Austausch-*
partnerin vor. Wie alt ist sie? Fülle die Lücke aus.

«Ma corres s'appelle Lisa et elle a aussi _____ ans.»

c) Depuis quand est-ce que la famille de Leila habite en Allemagne? Coche la bonne réponse.
Seit wann lebt Leilas Familie in Deutschland? Kreuze die richtige Antwort an.

☐ 5 ans   ☐ 20 ans   ☐ 15 ans   ☐ 50 ans

d) Combien de frères a le corres de Mehdi? Complète le blanc. *Wie viele Brüder hat Mehdis*
Austauschpartner? Fülle die Lücke aus.

Il a _____ frères.

★ 2. Écoute le texte et réponds aux questions. Tu ne dois pas écrire le nom des chiffres. Tu
peux directement écrire les chiffres.

N° 10

a) Comment s'appelle le corres de Fabrice? Écris son nom.

_____

b) Lucie présente sa corres. Complète les blancs.

«Ma corres s'appelle _____ et elle a aussi _____ ans. »

c) Depuis quand est-ce que la famille de Leila habite en Allemagne ? Complète le blanc.

Depuis _____ ans.

d) Combien de frères a le corres de Mehdi et comment est-ce qu'ils s'appellent?
Complète les blancs.

Il a _____ frères. Ils s'appellent _____

_____ .

ACTIVITÉ APRÈS L'ÉCOUTE

👥 3. Prépare la fiche sur ton/ta corres en France. Ensuite, fais une présentation sur lui/elle à
ton/ta partenaire. Il/elle doit compléter la fiche. *Bereite einen Steckbrief über deine*
Austauschschülerin / deinen Austauschschüler in Frankreich vor. Danach stellst du sie/
ihn deinem Partner / deiner Partnerin vor. Er/Sie füllt den Bogen aus.

Vous n'avez pas de corres? Vous pouvez
inventer une personne. Vous trouvez les
villes françaises dans votre livre.

Frank Reza Links: Das Hören trainieren – Französisch Lernjahr 1 / 2 I Frankreich-Fahne: Shutterstock.com/Viktorija Reuta, Schallplatte: Shutterstock.com//Irina Vinnikova

Shutterstock.com//FillDmitriy Bell

21

Mon/ma corres	Le/la corres de
● Prénom	● Prénom
● Âge	● Âge
● Habite à	● Habite à
● Frères et sœurs	● Frères et sœurs
● *Activités préferées	● *Activités préferées

* = Pour les rapides *Für die Schnellen*

C.2 Des journées de ouf!

ACTIVITÉ AVANT L'ÉCOUTE

1. Regarde les horaires et écris l'heure. *Schau dir die Uhrzeiten an und schreibe die Zeit aus.*

8:30	
10:45	
14:15	
15:20	

2. Complète la liste des jours de la semaine. Vervollständige die Liste der Wochentage.

＿＿＿＿＿＿＿, mardi, ＿＿＿＿＿＿＿, jeudi, ＿＿＿＿＿＿＿, samedi,

＿＿＿＿＿＿＿

Frank Reza Links: Das Hören trainieren – Französisch Lernjahr 1/2 I Frankreich-Fahne: Shutterstock.com/Viktorija Reuta

ACTIVITÉ PENDANT L'ÉCOUTE

3. Mehdi et Fabrice veulent se rencontrer. Mehdi envoie un message vocal à Fabrice et lui explique sa semaine. Écoute le texte et réponds aux questions suivantes. *Mehdi und Fabrice wollen sich treffen. Mehdi schickt Fabrice eine Sprachnachricht. Höre den Text an und antworte auf die folgenden Fragen.*

a) Jusqu'à quelle heure est-ce que Mehdi a cours mardi? Coche la bonne réponse. *Bis wie viel Uhr hat Mehdi am Dienstag Unterricht? Kreuze die richtige Antwort an.*

☐ 7 heures ☐ 6 heures ☐ 16 heures

b) À quelle heure commence l'entrainement de tennis? Complète le blanc. Tu peux écrire seulement les chiffres. *Um wie viel Uhr beginnt das Tennistraining? Fülle die Lücke aus. Du kannst nur die Ziffern schreiben.*

«[…] j'ai encore mon entrainement de tennis à ⬛⬛⬛⬛⬛⬛⬛⬛⬛⬛⬛⬛.»

c) Quand est-ce que Mehdi prend le train pour aller chez ses grands-parents? Coche la bonne réponse. *Wann nimmt Mehdi den Zug zu seinen Großeltern? Kreuze die richtige Antwort an.*

☐ 13.15 heures ☐ 3.15 heures ☐ 12.15 heures

d) Quand est-ce que les garçons peuvent se voir dimanche? Complète le blanc. Tu peux écrire seulement les chiffres. *Um wie viel Uhr können sie sich am Sonntag sehen? Fülle die Lücke aus. Du kannst nur die Ziffern schreiben.*

«On peut se voir peut-être à ⬛⬛⬛⬛⬛⬛⬛⬛⬛⬛⬛⬛⬛?»

★ 3. Mehdi et Fabrice veulent se rencontrer. Mehdi envoie un message vocal à Fabrice et lui explique sa semaine. Écoute le texte et complète les blancs.

Mehdi: Alors, Fabrice. Cette semaine, c'est un peu difficile pour se donner rendez-vous.

J'ai des journées de ouf! Je t'explique: mardi, j'ai cours jusqu'à ⬛⬛⬛⬛⬛ heures

et après, j'ai encore mon entrainement de tennis à ⬛⬛⬛⬛ heures ⬛⬛⬛⬛⬛.

Mercredi, on va chez mes grands-parents. On prend le train à ⬛⬛⬛⬛⬛⬛ et

on rentre vers ⬛⬛⬛⬛⬛⬛ heures. Grave, quoi! Jeudi, je vais réviser pour

l'interro de maths qu'on va passer lundi prochain à ⬛⬛⬛⬛⬛⬛ heures.

Est-ce que tu révises déjà beaucoup? Bon, je continue: vendredi, après l'école, on va à

Paris parce que j'ai une compétition de tennis ce samedi à partir de ⬛⬛⬛⬛ heures.

On rentre dimanche dans l'après-midi. On peut se voir peut-être à ⬛⬛⬛⬛?

Je te jure! Je sais, c'est pas donné, mais j'espère que tu as un petit moment de libre.

Frank Reza Links: Das Hören trainieren – Französisch Lernjahr 1/2 | Frankreich-Fahne: Shutterstock.com/Viktorija Reuta; Schallplatte: Shutterstock.com/Irina Vinnikova

ACTIVITÉ APRÈS L'ÉCOUTE

4. a) Ton ami/amie veut manger une glace avec toi samedi après-midi. Mais tu fais déjà beaucoup d'activités et tu proposes un autre jour. Prépare une antisèche (= einen Spickzettel) et enregistre un message audio. Ensuite, tu l'envoies à ton/ta partenaire. *Dein Freund / deine Freundin möchte mit dir am Samstagnachmittag ein Eis essen. Aber du hast schon viel vor und du schlägst ihm/ihr einen anderen Tag vor. Bereite einen Spickzettel vor und nimm eine Sprachnachricht auf. Dann schicke sie deinem Partner / deiner Partnerin.*

   b) Écoute le message de ton/ta partenaire et écris quel jour il/elle propose. *Höre die Nachricht deines Partners / deiner Partnerin an und schreibe auf, welchen Tag er/ sie vorschlägt.*

C.3 Moi, j'adore les chiens!

ACTIVITÉ AVANT L'ÉCOUTE

1. Quelle photo va avec quel mot? Complète avec le bon numéro. *Welches Foto gehört zu welcher Vokabel? Vervollständige mit der passenden Nummer.*

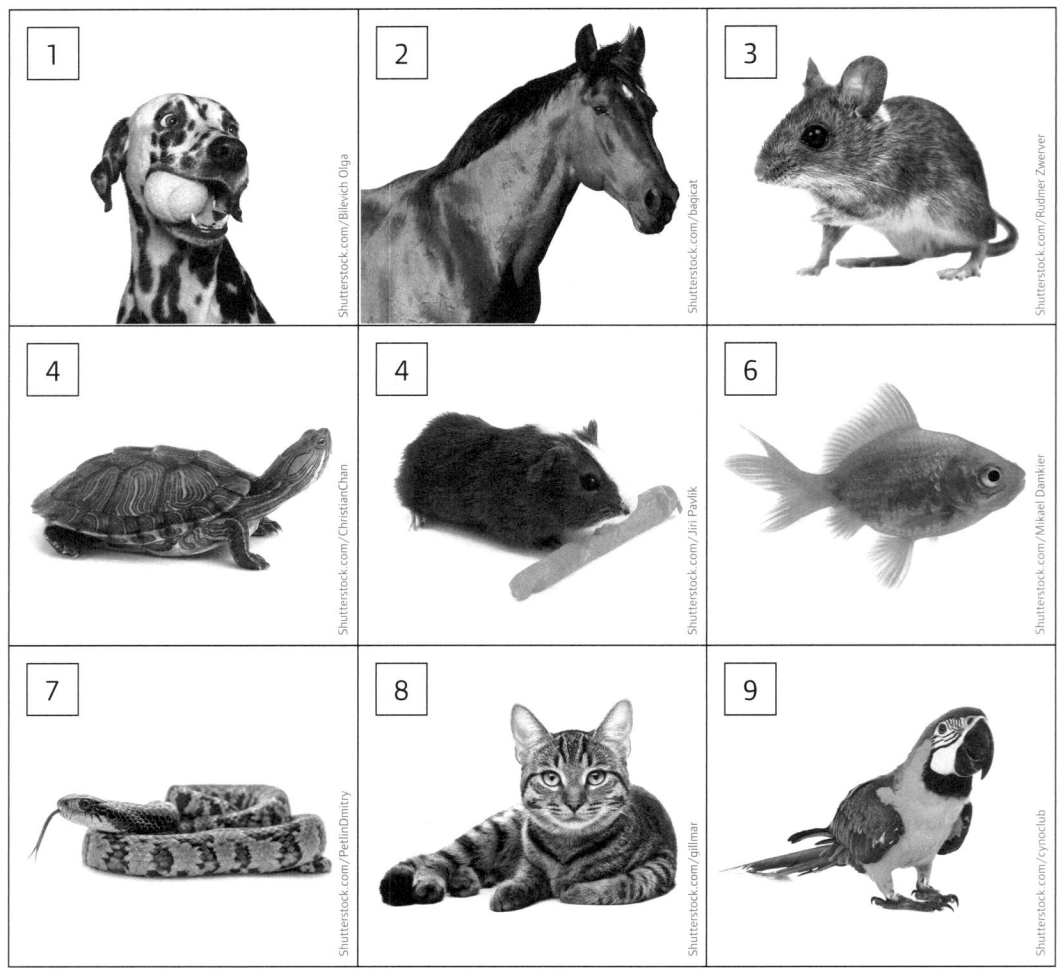

Photo n°   un cheval   Photo n°   un cochon d'Inde   Photo n°   un chien

Photo n°   un poisson rouge   Photo n°   un serpent   Photo n°   un chat

Photo n°   une tortue   Photo n°   un perroquet   Photo n°   une souris

ACTIVITÉ PENDANT L'ÉCOUTE

2. Nos amis du collège Trois Pins sont à la radio et parlent des animaux domestiques. Écoute le texte et réponds aux questions. *Unsere Freunde aus dem Collège Trois Pins sind im Radio und sprechen über Tiere. Höre den Text an und beantworte die Fragen.*

   a) Comment s'appelle le chien d'assistance de la tante de Lucie? Coche la bonne réponse. *Wie heißt der Begleithund von Lucies Tante? Kreuze die richtige Antwort an.*

      ☐ Winny   ☐ Willy   ☐ Wizzy

   b) Comment est Zippo, la tortue de Fabrice? Coche les deux réponses possibles. *Wie ist Zippo, Fabrice' Schildkröte? Kreuze die zwei möglichen Antworten an.*

      ☐ aimable   ☐ adorable

      ☐ intelligente   ☐ intéressante

   c) Qu'est-ce que Coumba aimerait bien avoir? Coche la bonne réponse. *Was möchte Coumba gerne haben? Kreuze die richtige Antwort an.*

      ☐ une souris   ☐ un perroquet   ☐ un serpent

   d) Qui a beaucoup de chevaux dans la famille de Mehdi? Coche la bonne réponse. *Wer hat viele Pferde in Mehdis Familie? Kreuze die richtige Antwort an.*

      ☐ son cousin   ☐ son oncle   ☐ son grand-père

★ 2. Nos amis du collège Trois Pins sont à la radio et parlent des animaux domestiques. Écoute le texte et réponds aux questions.

   a) Comment s'appelle le chien d'assistance de la tante de Lucie?

   b) Comment est Zippo, la tortue de Fabrice? (au moins deux adjectifs)

   c) Qu'est-ce que Coumba aimerait bien avoir?

   d) Qui a beaucoup de chevaux dans la famille de Mehdi?

Frank Reza Links: Das Hören trainieren – Französisch Lernjahr 1/2 I Frankreich-Fahne: Shutterstock.com/Viktorija Reuta; Schallplatte: Shutterstock.com/Irina Vinnikova

ACTIVITÉ APRÈS L'ÉCOUTE

3. C'est à toi! Sur son blog, Céline parle des animaux qu'elle aime le plus. Tu écris un commentaire et tu présentes ton animal préféré. *Du bist dran! Auf ihrem Blog spricht Céline über ihre Lieblingstiere. Du schreibst einen Kommentar und stellst dein Lieblingstier vor.*

C.4 Quel temps fait-il?

ACTIVITÉ AVANT L'ÉCOUTE

1. Regarde les images suivantes et écris les bons mots sous l'image. Il y a plusieurs possibilités. *Sieh dir die Bilder an und schreibe die passenden Vokabeln unter das jeweilige Bild. Es gibt mehrere Möglichkeiten.*

le soleil, le ciel dégagé (= der wolkenlose Himmel), le vent (= der Wind), la neige (= der Schnee), le nuage (= die Wolke), le brouillard (= der Nebel), l'orage (= das Gewitter), la pluie (= der Regen), chaud, froid, nuageux, orageux, beau, la température, le degré (= das Grad)

Frank Reza Links: Das Hören trainieren – Französisch Lernjahr 1/2 | Frankreich-Fahne: Shutterstock.com/Viktorija Reuta · Wettersymbole: Shutterstock.com/ snorks

ACTIVITÉ PENDANT L'ÉCOUTE

2. Coumba et Mehdi veulent aller au lac et ils écoutent la météo. Écoute aussi et fais les exercices suivants. *Coumba und Mehdi wollen zum See gehen und hören sich den Wetterbericht an. Hör du auch zu und bearbeite die folgenden Aufgaben.*

a) Coche la bonne réponse. *Kreuze die richtige Antwort an.*

Le matin, il y a

☐ du soleil.

☐ des nuages.

☐ du brouillard.

b) Complète la phrase par le bon chiffre. *Vervollständige den Satz mit der richtigen Zahl.*

Vers midi, il va faire jusqu'à _____ degrés.

c) Coche la bonne réponse. *Kreuze die richtige Antwort an.*

Les températures sont

☐ normales pour la saison.

☐ non pas normales pour la saison.

d) Coche la bonne réponse. *Kreuze die richtige Antwort an.*

Dans l'après-midi, il peut y avoir

☐ de la pluie.

☐ des orages.

☐ du vent.

e) Coche la bonne réponse. *Kreuze die richtige Antwort an.*

La nuit, il va y avoir

☐ de la neige.

☐ un ciel dégagé.

☐ du vent.

f) Coche la bonne réponse. *Kreuze die richtige Antwort an.*

Est-ce que Coumba et Mehdi vont aller au lac?

☐ Oui

☐ Non

Frank Reza Links: Das Hören trainieren – Französisch Lernjahr 1/2 I Frankreich-Fahne: Shutterstock.com/Viktorija Reuta; Schallplatte: Shutterstock.com/Irina Vinnikova

★ 2. Complète les phrases suivantes avec les mots corrects.

a) Le matin, il y a _____ .

b) Vers midi, il va faire jusqu'à _____ .

c) Les températures _____ pour la saison.

d) Dans l'après-midi, il peut y avoir _____ .

e) La nuit il va y avoir _____ .

f) Est-ce que Coumba et Mehdi vont aller au lac?

a) Oui

b) Non

ACTIVITÉ APRÈS L'ÉCOUTE

3. C'est à toi! Quel temps fait-il aujourd'hui chez toi? Fais une mini-météo à l'oral. *Du bist dran! Wie ist das Wetter heute bei dir? Mach mündlich einen Mini-Wetterbericht.*

Vous pouvez faire la météo toujours au début de chaque cours de français. C'est cool, non? Commencez la météo par «Aujourd'hui, il fait...»

Selbsteinschätzungsbogen zum selektiven Hör- und Hörsehverstehen

Nachdem du nun einige Übungen zum selektiven Hör- und Hörsehverstehen gemacht hast, kannst du den folgenden Selbsteinschätzungsbogen ausfüllen. Lies dir die Aussagen durch und kreuze an. Am Ende kannst du dann deine Selbsteinschätzung selbst auswerten.

Aussage	immer	manchmal	nie
Ich kann wichtige Informationen und Schlüsselbegriffe eines Hör- bzw. Hörsehtexts heraushören.			
Ich verstehe den verwendeten Wortschatz.			
Ich kann mit unbekannten Wörtern und Grammatik gut umgehen.			

Meine Tipps und Tricks

Beim selektiven Hör- und Hörsehverstehen fällt mir besonders leicht:

Meine Trainingsziele

Beim selektiven Hör- und Hörsehverstehen fällt mir noch schwer und daran möchte ich noch arbeiten:

Auflösung

Hier kannst Du nun auflösen, was dein Ergebnis bedeutet:

2–3 Kreuze „immer"	Du bist schon ein richtiger Profi! *Félicitations*! Das selektive Hör- und Hörsehverstehen bereitet dir keine Probleme.
2–3 Kreuze „manchmal"	Du hast schon gute Ansätze, das selektive Hör- und Hörsehverstehen zu meistern. *Pas de souci*! Übung macht den Meister und die Meisterin!
2–3 Kreuze „nie"	Das selektive Hör- und Hörsehverstehen bereitet dir noch Schwierigkeiten. Überlege, welche Hürden vielleicht noch im Unterricht, im Klassenraum oder beim Lernen bestehen und sprich mit deiner Lehrkraft darüber.

Frank Reza Links: Das Hören trainieren – Französisch Lernjahr 1 / 2 | Frankreich-Fahne: Shutterstock.com/Viktorija Reuta

D Compréhension détaillée

Wir kommen nun zum dritten Teil des Hör- und Hörsehverstehens. Wie der Name schon vermuten lässt, geht es um „Details", die herausgehört werden müssen. Im Vergleich zum Selektivverstehen geht es jetzt nicht mehr nur um ein Schlüsselwort. Nun sollst du zum Beispiel auch Nebenaussagen heraushören, Emotionen oder Stimmungen einordnen oder eine Aussage über die Eigenschaft von Personen treffen können. Ein wichtiger Tipp, damit du sicher ins Detailverstehen starten kannst: Nutze dein Wissen zum Global- und Selektivverstehen und höre genau auf die Stimmlage und eventuell auf die Hintergrundgeräusche bzw. die Musik. Beim Hörsehverstehen solltest du auch auf den Handlungsort und das Licht achten.

D.1 Comment vas-tu? Stimmungen heraushören

ACTIVITÉ AVANT L'ÉCOUTE

1. Regarde le tableau. Puis fais un geste et un son pour chaque émotion. *Sieh dir die Tabelle an. Dann mache eine Geste und ein Geräusch für jedes Gefühl.*

Comment est-ce que tu fais quand ...	Emotion
a) tu es triste?	
b) tu es content/e?	
c) tu es en colère?	
d) tu as peur?	
e) tu es fatigué/e?	

Shutterstock.com/ober-art
Shutterstock.com/Yayayoyo
Shutterstock.com/Petrovic Igor
Shutterstock.com/ober-art
Shutterstock.com/ProStockStudio

Frank Reza Links: Das Hören trainieren – Französisch Lernjahr 1 / 2 I Frankreich-Fahne: Shutterstock.com/Viktorija Reuta

ACTIVITÉ PENDANT L'ÉCOUTE

2. Nos amis du collège Trois Pins disent comment ils vont. Écoute le texte et coche la bonne réponse. Attention, il y a une solution en trop. *Die Freunde vom Collège Trois Pins sagen, wie es ihnen geht. Höre den Text an und kreuze die richtige Antwort an. Achtung: Eine Lösung bleibt übrig.*

Nom	😢	😊	😡	😱	😴
Lucie					
Fabrice					
Coumba					
Mehdi					

★ 2. Nos amis du collège Trois Pins disent comment ils vont. Écoute le texte. Puis complète les blancs.

a) Lucie est _____ .

b) Fabrice est _____ .

c) Coumba est _____ .

d) Mehdi est _____ .

ACTIVITÉ APRÈS L'ÉCOUTE

3. À vous de jouer! Vous êtes un groupe de trois ou quatre. Imaginez une phrase et exprimez-la avec un sentiment. Dites la phrase devant votre petit groupe et les autres doivent deviner comment vous vous sentez. *Jetzt seid ihr mit Spielen dran! Bildet eine Dreier- oder Vierergruppe. Überlegt euch einen Satz und drückt diesen mit einem Gefühl aus. Sprecht nun den Satz vor eurer Gruppe vor und die anderen müssen erraten, wie ihr euch fühlt.*

Utilise seulement des mots et des sentiments de ton carnet de vocabulaire!

Frank Reza Links: Das Hören trainieren – Französisch Lernjahr 1/2 | Frankreich-Fahne: Shutterstock.com/Viktorija Reuta ; weinendes Emoji / ängstliches Emoji: Shutterstock.com/ober-art; zufriedenes Emoji: Shutterstock.com/Yayayoyo; wütendes Emoji: Shutterstock.com/Petrovic Igor; schnarchendes Emoji: Shutterstock.com/ProStockStudio; Schallplatte: Shutterstock.com/Irina Vinnikova

Shutterstock.com/FillDmitriy Bell

D.2 Encore du retard!

ACTIVITÉ AVANT L'ÉCOUTE

1. Regarde les images suivantes. Quelle est la situation? Est-ce que tu peux imaginer une petite histoire? Formule ton idée à l'oral. *Schau dir die folgenden Bilder an. Um welche Situation könnte es sich handeln? Kannst du dir eine kleine Geschichte vorstellen? Formuliere deine Idee mündlich.*

> Pour expliquer les photos, tu peux d'abord décrire «Sur la photo... il y a / je vois» et après tu peux dire «Les photos parlent de...».

ACTIVITÉ PENDANT L'ÉCOUTE

2. Lis attentivement le vocabulaire utile. Lies aufmerksam das Hilfsvokabular.

le retard *die Verspätung*	l'arrivée *die Ankunft*	le départ *die Abfahrt*

en raison de *wegen, aufgrund*	la voie *das Gleis*	desservir *an einem Ort halten*

3. Mehdi est à la gare. Il veut aller chez ses grands-parents, mais son train n'arrive pas. Écoute le texte au moins deux fois et réponds aux questions suivantes. *Mehdi ist am Bahnhof. Er will zu seinen Großeltern fahren, aber der Zug kommt nicht. Hör dir den Text mindestens zweimal an und beantworte die folgenden Fragen.*

a) Quel est le numéro du train? Coche la bonne réponse. *Welche ist die Zugnummer? Kreuze die richtige Antwort an.*

☐ 6 3 6   ☐ 5 3 5   ☐ 6 3 5

Frank Reza Links: Das Hören trainieren – Französisch Lernjahr 1/2 I Frankreich-Fahne: Shutterstock.com/Viktorija Reuta; Schallplatte: Shutterstock.com/Irina Vinnikova

b) Quand est-ce que le train va partir? Coche la bonne réponse. *Wann fährt der Zug ab? Kreuze die richtige Antwort an.*

☐ 13h15 ☐ 13h55 ☐ 13h05

c) Où est-ce que le départ va se faire? Coche la bonne réponse. *Wo wird die Abfahrt sein? Kreuze die richtige Antwort an.*

☐ Voie 3 ☐ Voie 13 ☐ Voie 30

d) Quelles gares est-ce que le train va desservir? Coche les deux bonnes réponses. *Welche Bahnhöfe werden angefahren? Kreuze die zwei richtigen Antworten an.*

☐ Sarreguemines ☐ Saint-Malo ☐ Saverne

☐ Sarrebourg ☐ Sarrebruck ☐ Strasbourg

e) Quand est-ce que Mehdi doit être sur la voie? Coche la bonne réponse. *Wann muss Mehdi auf dem Gleis sein? Kreuze die richtige Antwort an.*

☐ quinze minutes avant le départ

☐ cinq minutes avant le départ

☐ cinquante minutes avant le départ

★ 3. Mehdi est à la gare. Il veut aller chez ses grands-parents, mais son train n'arrive pas. Écoute le texte au moins deux fois et réponds aux questions suivantes.

a) Quel est le numéro du train?

b) Quand est-ce que le train va partir?

Le train va partir à .

c) Où est-ce que le nouveau départ va se faire?

Le nouveau départ va se faire sur la .

d) Quelles gares est-ce que le train va desservir? Écris au moins deux villes.

e) Quand est-ce que Mehdi doit être sur la voie?

Il doit être sur la voie avant le départ.

Frank Reza Links: Das Hören trainieren – Französisch Lernjahr 1/2 I Frankreich-Fahne: Shutterstock.com/Viktorija Reuta; Schallplatte: Shutterstock.com/Irina Vinnikova

ACTIVITÉ APRÈS L'ÉCOUTE

4. Tu es à la gare avec des amis allemands qui ne parlent pas français. Tu leur expliques en allemand l'annonce du retard. Qu'est-ce qu'il faut faire maintenant? Fais une médiation à l'oral. *Du bist am Bahnhof, mit deutschen Freunden, die kein Französisch sprechen. Du erklärst ihnen die Ansage über die Verspätung auf Deutsch. Was müsst ihr jetzt tun? Mach eine mündliche Sprachmittlung.*

D.3   Mon look à moi!

ACTIVITÉ AVANT L'ÉCOUTE

1. Fais une carte mentale sur le look. *Erstelle eine Mindmap zum Thema „Look".*

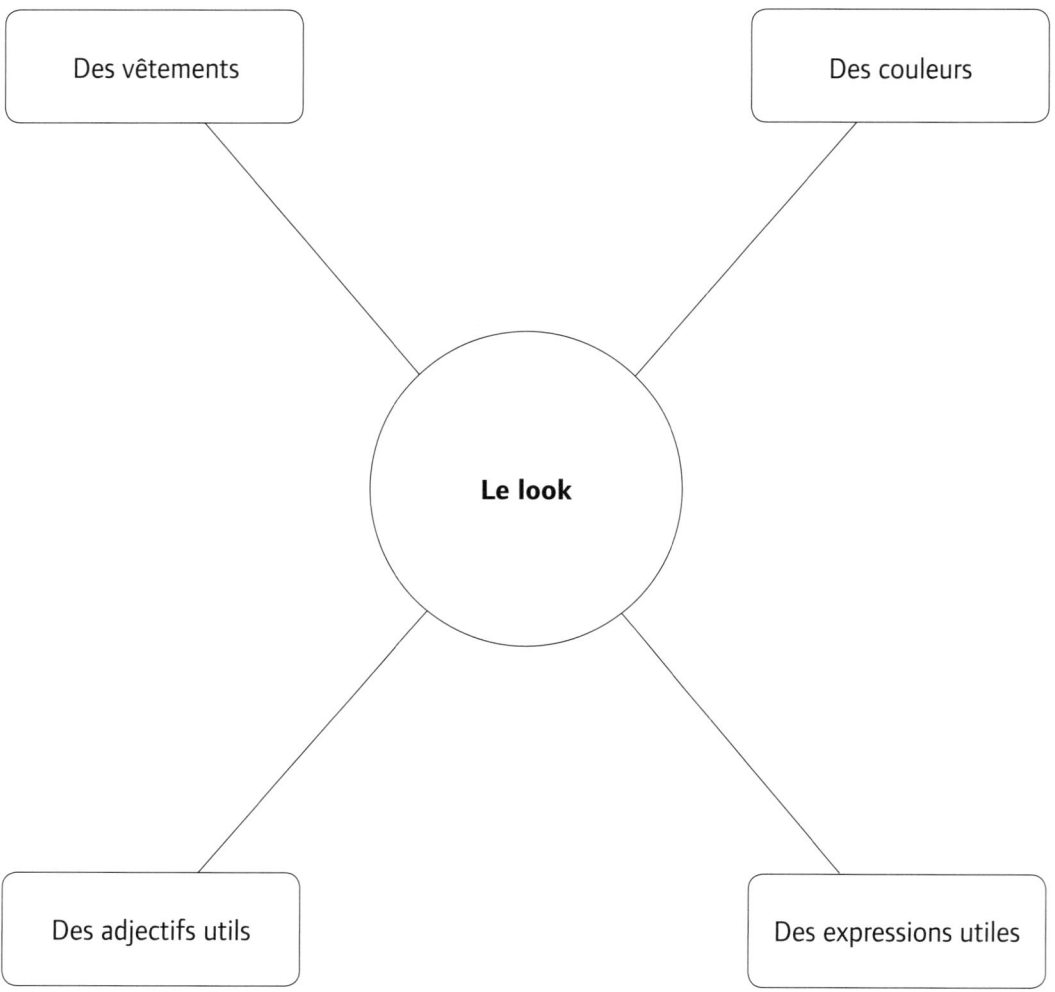

Des vêtements

Des couleurs

Le look

Des adjectifs utils

Des expressions utiles

ACTIVITÉ PENDANT L'ÉCOUTE

2. Nos amis du collège Trois Pins sont dans un magasin de vêtements. Écoute une première fois et coche si les affirmations suivantes sonts vraies (v) ou fausses (f). *Unsere Freunde aus dem Collège Trois Pins sind in einem Kleidergeschäft. Höre den Text ein erstes Mal an und kreuze an, ob die folgenden Aussagen richtig oder falsch sind.*

	v	f
a) Coumba aime les baskets noires et jaunes de Mehdi.		
b) Fabrice veut acheter un tee-shirt rouge.		
c) Lucie trouve que Coumba a un look sportif.		
d) Coumba va acheter une robe avec des fleurs.		

3. Écoute une deuxième fois et corrige, si nécessaire. *Höre ein zweites Mal und korrigiere, falls notwendig.*

a) ....

b) ....

c) ....

d) ....

ACTIVITÉ APRÈS L'ÉCOUTE

4. Créez un dialogue à 3 ou 4 sur votre look et vos couleurs préférées. Puis, présentez le résultat devant la classe. Les autres: écoutez les dialogues et complétez la fiche. *Denkt euch zu dritt oder viert einen Dialog über euren Look und eure Lieblingsfarben aus. Dann stellt das Ergebnis der Klasse vor. Die Anderen: Hört euch die Dialoge an und vervollständigt den Steckbrief.*

....

Nom:
Son look préféré:
Sa couleur préférée:

Nom:
Son look préféré:
Sa couleur préférée:

Frank Reza Links: Das Hören trainieren – Französisch Lernjahr 1/2 | Frankreich-Fahne: Shutterstock.com/Viktorija Reuta

D.4 Mon rêve se fait réalité: «J'ai cherché» d'Amir (2016)

ACTIVITÉ AVANT LE VISIONNAGE

1. Fais une recherche sur Internet et trouve des informations sur le chanteur Amir pour compléter la fiche de présentation. *Recherchiere im Internet zum Sänger Amir. Vervollständige den Steckbrief.*

Nom: Amir (Laurent Amir Haddad)

Né le:

A participé à[1]:

Chansons célèbres:

[1]participer à qc. *an etw. teilnehmen*

ACTIVITÉ PENDANT LE VISIONNAGE

2. Cherche sur Internet le clip officiel de la chanson «J'ai cherché» du chanteur Amir. Regarde et écoute pour répondre aux questions suivantes. *Suche im Internet das offizielle Musikvideo „J'ai cherché" des Sängers Amir. Schau und höre es dir an. Dann beantworte die folgenden Fragen.*

    a) Quel slogan va avec la chanson?

        ☐ Ne rêve pas ta vie! Vie ton rêve!

        ☐ Ne fais pas de sport!

        ☐ N'écoute pas les autres!

    b) Dans quelles langues est-ce qu'on chante?

        ☐ français et allemand

        ☐ français et arabe

        ☐ français et anglais

    c) Qu'est-ce que le garçon veut faire?

        ☐ du foot

        ☐ du kickboxing

       ☐ du ballet

Frank Reza Links: Das Hören trainieren – Französisch Lernjahr 1/2 I Frankreich-Fahne: Shutterstock.com/Viktorija Reuta

d) Qu'est-ce que la fille veut faire?

☐ du foot

☐ du kickboxing

☐ du ballet

e) Décris la chanson. Choisis un ou plusieurs adjectifs. Explique ton choix. Tu peux aussi écrire en allemand. *Beschreibe das Lied. Wähle ein oder mehrere Adjektive aus. Erkläre deine Auswahl. Du kannst auch auf Deutsch schreiben.*

| lente (= *langsam*) | dynamique | calme | agressive | mélodique | harmonieuse |

★ 2. Cherche sur Internet le clip officiel de la chanson «J'ai cherché» du chanteur Amir. Regarde et écoute pour répondre aux questions suivantes.

a) Quel slogan va avec la chanson?

☐ Ne rêve pas ta vie! Vie ton rêve!

☐ Ne fais pas de sport!

☐ N'écoute pas les autres!

b) Dans quelles langues est-ce qu'on chante?

c) Qu'est-ce que le garçon veut faire?

d) Qu'est-ce que la fille veut faire?

e) Décris la chanson. Choisis un ou plusieurs adjectifs. Explique ton choix.

| lente (= *langsam*) | dynamique | calme | agressive | mélodique | harmonieuse |

ACTIVITÉ APRÈS LE VISIONNAGE

3. C'est à toi! Est-ce qu'il y a une activité que tu veux absolument faire? Écris une lettre à Amir (environ 50 à 60 mots)! *Du bist dran! Gibt es eine Aktivität, die du unbedingt machen willst? Schreibe Amir einen Brief (ca. 50–60 Wörter)!*

Frank Reza Links: Das Hören trainieren – Französisch Lernjahr 1/2 I Frankreich-Fahne: Shutterstock.com/Viktorija Reuta

Selbsteinschätzungsbogen zum detaillierten Hör- und Hörsehverstehen

Nachdem du nun einige Übungen zum detaillierten Hör- und Hörsehverstehen gemacht hast, kannst du den folgenden Selbsteinschätzungsbogen ausfüllen. Lies dir die Aussagen durch und kreuze an. Am Ende kannst du dann deine Selbsteinschätzung selbst auswerten.

Aussage	immer	manchmal	nie
Ich kann komplexe Informationen eines Hör- und Hörsehtexts heraushören.			
Musik, Hintergrundgeräusche und Stimmlage zu deuten fällt mir leicht.			
Ich kann mit unbekannten Wörtern und Grammatik gut umgehen.			

Meine Tipps und Tricks

Beim detaillierten Hör- und Hörsehverstehen fällt mir besonders leicht:

Meine Trainingsziele

Beim detaillierten Hör- und Hörsehverstehen fällt mir noch schwer und daran möchte ich noch arbeiten:

Auflösung

Hier kannst Du nun auflösen, was dein Ergebnis bedeutet:

2–3 Kreuze „immer"	Du bist schon ein richtiger Profi! *Félicitations*! Das detaillierte Hör- und Hörsehverstehen bereitet dir keine Probleme.
2–3 Kreuze „manchmal"	Du hast schon gute Ansätze, das detaillierte Hör- und Hörsehverstehen zu meistern. *Pas de souci*! Übung macht den Meister und die Meisterin!
2–3 Kreuze „nie"	Das detaillierte Hör- und Hörsehverstehen bereitet dir noch Schwierigkeiten. Überlege, welche Hürden vielleicht noch im Unterricht, im Klassenraum oder beim Lernen bestehen und sprich mit deiner Lehrkraft darüber.

Frank Reza Links: Das Hören trainieren – Französisch Lernjahr 1/2 | Frankreich-Fahne: Shutterstock.com/Viktorija Reuta

E Komplexe Übungs- und Prüfungsaufgaben

Der letzte Abschnitt in diesem Arbeitsheft dient nun dazu, die drei Teilbereiche, nämlich das globale, selektive und detaillierte Hör- und Hörsehverstehen, zusammen in einer komplexen Aufgabe zu üben. Zusätzlich können diese auch als Prüfungsformate genutzt werden.

E.1 La fête de la musique

ACTIVITÉ AVANT L'ÉCOUTE

1. Qu'est-ce qui va ensemble? Note le bon numéro. *Was gehört zusammen? Trage die richtige Nummer ein.*

Image n°	des fraises	Image n°	une affiche	Image n°	une salade
Image n°	des fruits	Image n°	un coca	Image n°	des biscuits
Image n°	des chips	Image n°	un gateau	Image n°	un jus de fruits

Frank Reza Links: Das Hören trainieren – Französisch Lernjahr 1 / 2 I Frankreich-Fahne: Shutterstock.com/Viktorija Reuta

39

2. Qu'est-ce que vous pensez? Qu'est-ce qu'ils vont faire, nos amis du collège Trois Pins pour la fête de la musique? *Was denkt ihr? Was werden unsere Freunde vom Collège Trois Pins für die Fête de la musique vorbereiten?*

> Die Fête de la musique ist ein großes Musikfest, das jedes Jahr überall in Frankreich gefeiert wird. Es gibt Konzerte mit französischen Sängerinnen und Sängern und Bands. Viele deutsche Städte haben diese Tradition inzwischen übernommen. Es treten auch französische Gruppen auf. Vielleicht sogar in deiner Nähe?

ACTIVITÉ PENDANT L'ÉCOUTE

3. Nos amis sont au collège et discutent. Écoute le texte et réponds aux questions. *Unsere Freunde sind in der Schule und diskutieren. Höre den folgenden Text und beantworte die Fragen.*

a) Quel titre va bien avec le texte? Coche la bonne réponse. *Welcher Titel passt zum Text? Kreuze die richtige Antwort an.*

☐ L'orchestre pour la fête de la musique au collège

☐ Le buffet pour la fête de la musique au collège

☐ La préparation de la fête de la musique au collège

b) Comment s'appelle l'orchestre du collège? Coche la bonne réponse. *Wie heißt das Schulorchester? Kreuze die richtige Antwort an.*

☐ Les trompettes à Jojo   ☐ Les trompettes à Joujou   ☐ Les trompettes à Gogo

c) Qu'est-ce que Mehdi va apporter? Coche les deux réponses correctes. *Was bringt Mehdi mit? Kreuze die zwei richtigen Antworten an.*

d) Corrige la phrase suivante. *Korrigiere den folgenden Satz.*

Lucie dit: «Je vais apporter des chips et des biscottes.»

e) Lucie veut apporter des chips. Comment est-ce que Coumba trouve cette idée? Coche la bonne réponse. *Lucie will Chips mitbringen. Wie findet Coumba diese Idee? Kreuze die richtige Antwort an.*

☐ Elle est d'accord.   ☐ Elle n'est pas d'accord.

f) Qui est-ce qui va finalment apporter quelque chose à boire? Coche la bonne réponse. *Wer bringt letztlich noch Getränke mit? Kreuze die richtige Antwort an.*

☐ Lucie   ☐ Mehdi   ☐ Coumba   ☐ Fabrice

★ 3. Nos amis sont au collège et discutent. Écoute le texte et réponds aux questions.

N° 17

a) Quel titre va bien avec le texte? Coche la bonne réponse.

☐ L'orchestre pour la fête de la musique au collège

☐ Le buffet pour la fête de la musique au collège

☐ La préparation de la fête de la musique au collège

b) Comment s'appelle l'orchestre du collège? Complète le blanc.

Les trompettes à ⬚

c) Qu'est-ce que Mehdi va apporter? Complète les blancs.

Une tarte ⬚ et une tarte ⬚.

d) Corrige la phrase.

Lucie dit: «Je vais apporter des chips et des biscottes.»

e) Lucie veut apporter des chips. Comment est-ce que Coumba trouve cette idée? Réponds avec tes propres mots.

f) Qui est-ce qui va finalment apporter quelque chose à boire?

Frank Reza Links: Das Hören trainieren – Französisch Lernjahr 1/2 I Frankreich-Fahne: Shutterstock.com/Viktorija Reuta; Schallplatte: Shutterstock.com/Irina Vinnikova

ACTIVITÉ APRÈS L'ÉCOUTE

4. C'est à vous! Qu'est-ce que vous voulez faire pour la fête de la musique dans votre collège? Préparez un dialogue à trois ou à quatre. Pensez à un buffet (au moins cinq choses) et la musique et discutez. Présentez votre dialogue devant la classe. *Ihr seid dran! Was möchtet ihr für die Fête de la musique an eurer Schule machen? Bereitet zu dritt oder viert einen Dialog vor. Denkt an das Buffet (mindestens fünf Dinge) und die Musik und diskutiert. Stellt euren Dialog der Klasse vor.*

....

Hörauftrag

1. Écoute le dialogue de tes camarades. Qu'est-ce que le groupe va préparer? Prends des notes. *Hör dir den Dialog deiner Klassenkameraden an. Was bereitet die Gruppe vor? Mach dir Notizen.*

   Le buffet:

   La musique:

2. Évalue le dialogue. *Bewerte den Dialog.*

			☺	😐	☹
Die Gruppe hat alle Anforderungen aus der Aufgabenstellung bearbeitet.					
Die Gruppe hat diskutiert.					

....

1. Écoute le dialogue de tes camarades. Qu'est-ce que le groupe va préparer? Prends des notes. *Hör dir den Dialog deiner Klassenkameraden an. Was bereitet die Gruppe vor? Mach dir Notizen.*

   Le buffet:

   La musique:

2. Évalue le dialogue. *Bewerte den Dialog.*

			☺	😐	☹
Die Gruppe hat alle Anforderungen aus der Aufgabenstellung bearbeitet.					
Die Gruppe hat diskutiert.					

Frank Reza Links: Das Hören trainieren – Französisch Lernjahr 1/2 I Frankreich-Fahne: Shutterstock.com/Viktorija Reuta ; Emojis: Shutterstock.com/Lyudmyla Kharlamova

E.2 Viens à Paris!

ACTIVITÉ AVANT L'ÉCOUTE

1. Regarde les images suivantes. Qu'est-ce que tu vois? *Schau dir die folgenden Bilder an. Was siehst du darauf?*

| Le musée du Louvre | La cathédrale Sacré-Cœur | Le métro de Paris | La tour Eiffel |

| Le stade du Parc des Princes | Une avenue / Les Champs-Élysées / L' Arc de Triomphe |

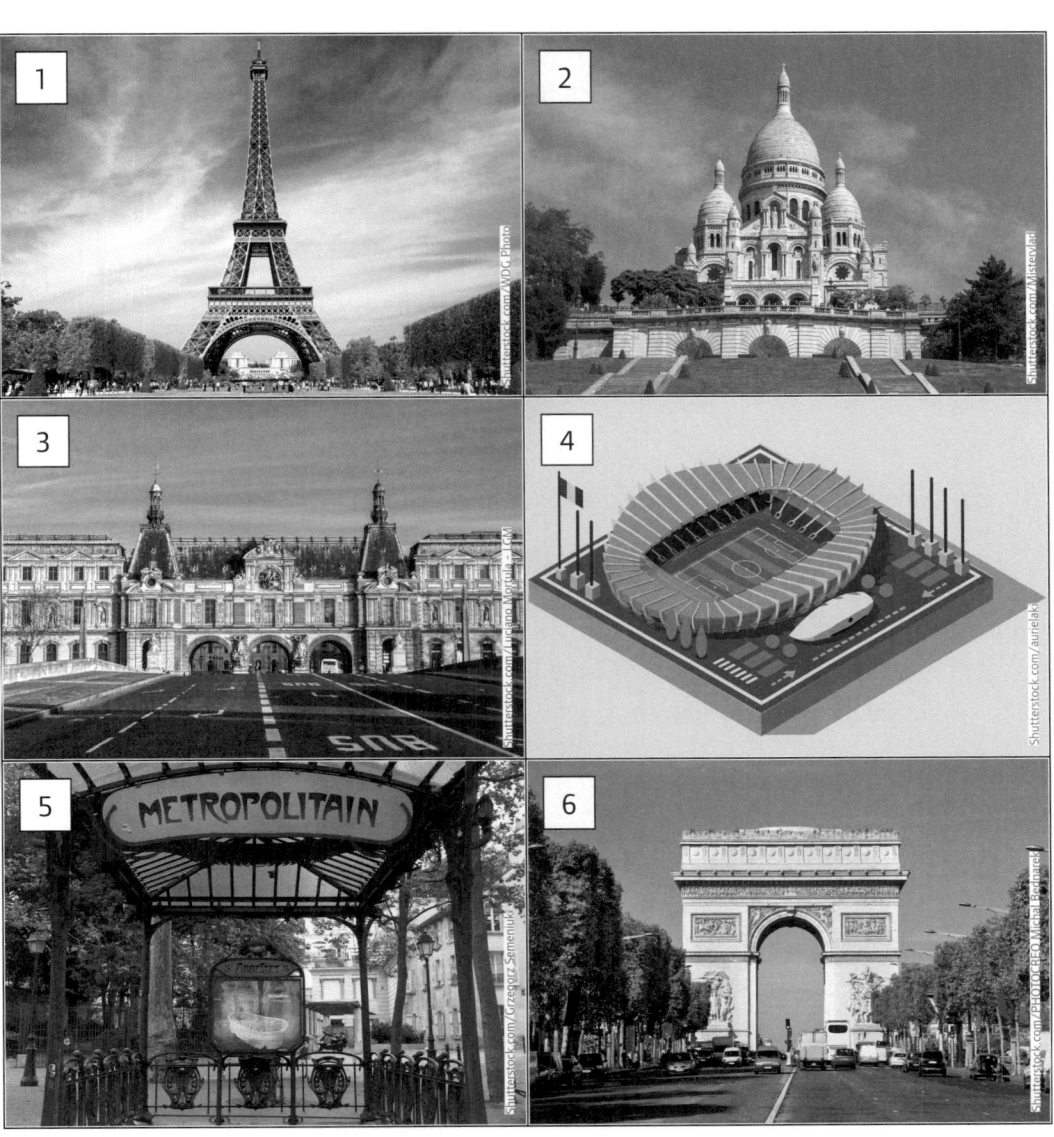

Pour décrire une image, tu peux dire:
«Sur la photo / l'image il y a / je vois…»

Frank Reza Links: Das Hören trainieren – Französisch Lernjahr 1/2 I Frankreich-Fahne: Shutterstock.com/Viktorija Reuta

ACTIVITÉ PENDANT L'ÉCOUTE

2. Fabrice va aller à Paris pour un tournoi de basket. Il écoute un podcast. Écoute le texte au moins deux fois et réponds aux questions. *Fabrice wird für ein Basketballturnier nach Paris fahren. Er hört sich einen Podcast an. Höre den Text mindestens zweimal an und beantworte die Fragen.*

a) Qu'est-ce que le texte présente? Coche la bonne réponse. *Was stellt der Text vor? Kreuze die richtige Antwort an.*

☐ les tarifs à Paris

☐ les attractions à Paris

☐ les quartiers à Paris

b) C'est combien l'entrée à la tour Eiffel pour les enfants entre 4 et 11 ans? Coche la bonne réponse. *Wie viel kostet der Eintritt in den Eiffelturm für Kinder zwischen 4 und 11 Jahren? Kreuze die richtige Antwort an.*

☐ 2,50 euros ☐ 2,15 euros ☐ 2,05 euros

c) Corrige la phrase suivante. *Korrigiere den folgenden Satz.*

«Pourquoi pas une baignade sur les Champs-Élysées.»

d) Complète la phrase suivante. *Vervollständige den folgenden Satz.*

«Donc, tu dois absolument voir _____ du club Paris Saint-Germain au _____ du Parc des Princes à Porte de Saint Cloud .

e) C'est quoi comme podcast? Coche la bonne réponse. *Was ist das für ein Podcast? Kreuze die richtige Antwort an.*

☐ une critique sur Paris

☐ une publicité[1] pour Paris

☐ un compte-rendu[2] sur Paris

[1] la publicité *Werbung*   [2] le compte-rendu *Bericht*

Frank Reza Links: Das Hören trainieren – Französisch Lernjahr 1/2 I Frankreich-Fahne: Shutterstock.com/Viktorija Reuta; Schallplatte: Shutterstock.com/Irina Vinnikova

★ 2. Fabrice va aller à Paris pour un tournoi de basket. Il écoute alors un podcast. Écoute le texte au moins deux fois et réponds aux questions.

N° 18

   a) Qu'est-ce que le texte présente? Coche la bonne réponse. *Was stellt der Text vor? Kreuze die richtige Antwort an.*

      ☐ les tarifs à Paris   ☐ les attractions à Paris   ☐ les quartiers à Paris

   b) C'est combien l'entrée à la tour Eiffel pour les enfants entre 4 et 11 ans?

   c) Corrige la phrase suivante.

      «Pourquoi pas une baignade sur les Champs-Élysées.»

   d) Complète la phrase suivante.

      «Donc, tu dois absolument voir _____ du _____ Paris Saint-Germain au _____ Parc des Princes à Porte de Saint Cloud.»

   e) C'est quoi comme podcast? Coche la bonne réponse

      ☐ une critique sur Paris

      ☐ une publicité[1] pour Paris

      ☐ un compte-rendu[2] sur Paris

      [1] la publicité *Werbung*   [2] le compte-rendu *Bericht*

ACTIVITÉ APRÈS L'ÉCOUTE

👥 3. C'est à vous! Travaillez à deux et faites une recherche sur Internet sur une autre attraction de Paris (p. ex. le Panthéon, les Bateaux Mouches de la Seine, Disneyland, les Catacombes, etc.). Puis, présentez-la devant la classe. *Ihr seid dran! Arbeitet zu zweit und recherchiert im Internet zu einer weiteren Pariser Sehenswürdigkeit (z. B. Panthéon, Bateaux Mouches auf der Seine, Disneyland, Katakomben etc.). Stellt sie dann der Klasse vor.*

Frank Reza Links: Das Hören trainieren – Französisch Lernjahr 1/2 | Frankreich-Fahne: Shutterstock.com/Viktorija Reuta; Schallplatte: Shutterstock.com/Irina Vinnikova

E.3 Vos vacances préférées.
Une interview sur Webradio Cadets

ACTIVITÉ AVANT L'ÉCOUTE

1. Quelles activités est-ce qu'on peut faire pendant les vacances? Copie l'organigramme suivant dans ton cahier et complète-le. Ensuite compare tes résultats avec ton/ta partenaire. *Was kann man in den Ferien unternehmen? Übertrage das folgende Organigramm in dein Heft und vervollständige es. Danach vergleichst du deine Ergebnisse mit deinem Partner / deiner Partnerin.*

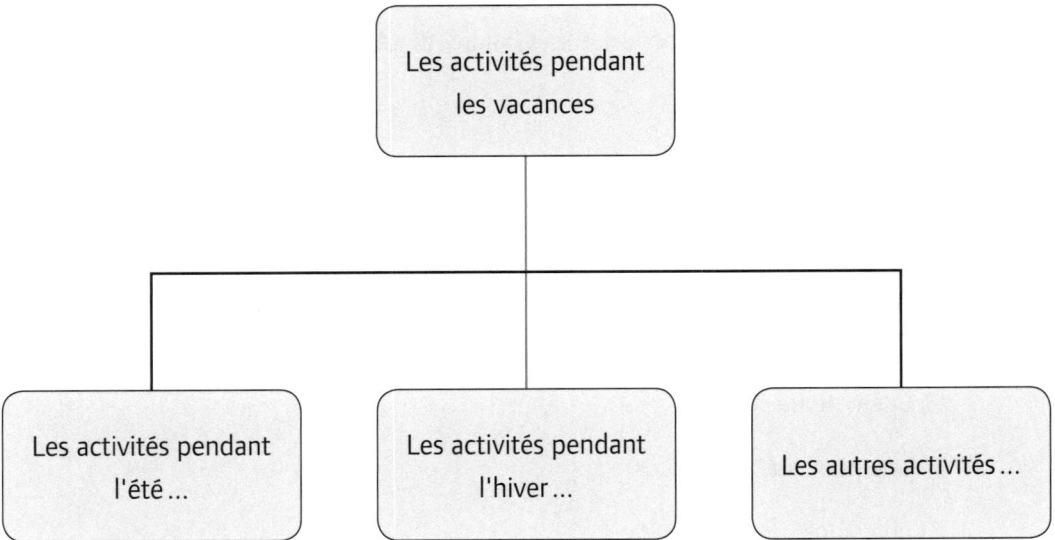

ACTIVITÉ PENDANT L'ÉCOUTE

2. a) Lis attentivement le vocabulaire utile. *Lies aufmerksam das Hilfsvokabular.*

> le patinage *das Schlittschuhlaufen*

b) À la radio les amis du collège Trois Pins parlent des vacances. Écoute le texte. Quelles sont les vacances préférées des enfants? Coche la bonne réponse. *Im Radio sprechen die Freunde vom Collège Trois Pins über Ferien. Hör dir den Text an. Welche sind die Lieblingsferien der Kinder? Kreuze die richtige Antwort an.*

N° 19

Nom	☀	❄	☀❄
Fabrice			
Lucie			
Mehdi			
Coumba			

Frank Reza Links: Das Hören trainieren – Französisch Lernjahr 1/2 I Frankreich-Fahne: Shutterstock.com/Viktorija Reuta ; Wettersymbole: Shutterstock.com/ snorks; Schallplatte: Shutterstock.com/Irina Vinnikova

3. Vrai (v) ou faux (f)? Coche la bonne réponse. *Richtig oder falsch? Kreuze die richtige Antwort an.*

	v	f
a) Aujourd'hui, il fait très froid.		
b) Fabrice va participer à un camp international.		
c) Lucie n'aime pas la mer.		

4. Qu'est-ce que Mehdi aime faire le soir? Coche les deux bonnes réponses. *Was macht Mehdi abends gerne? Kreuze die zwei richtigen Antworten an.*

☐ jouer aux jeux   ☐ regarder la télévision

☐ lire des livres   ☐ chatter sur son portable

5. Pourquoi est-ce que Coumba est stressée? Coche la bonne réponse. *Warum ist Coumba gestresst? Kreuze die richtige Antwort an.*

☐ Parce qu'elle déteste le patinage.

☐ Parce qu'elle a peur du patinage.

☐ Parce qu'elle a un concours de patinage.

☐ Parce qu'elle ne sait pas faire du patinage.

ACTIVITÉ APRÈS L'ÉCOUTE

6. C'est à toi! Dans un forum sur Internet, les élèves discutent sur les vacances idéales. Tu écris une entrée et tu parles de tes vacances idéales/préférées. Tu expliques aussi pourquoi tu les aimes. Ensuite, tu racontes les activités que tu fais pendant les vacances. *Du bist dran! In einem Internetforum diskutieren Schüler_innen über die idealen Ferien. Du schreibst einen Eintrag und sprichst über deine Lieblingsferien. Du erklärst auch, was dir daran gefällt. Dann schreibst du über deine Aktivitäten während der Ferien.*

Pour expliquer pourquoi tu aimes quelque chose, tu peux écrire «J'aime / j'adore... parce que...» / «Je pense / je trouve que....»

Frank Reza Links: Das Hören trainieren – Französisch Lernjahr 1 / 2 I Frankreich-Fahne: Shutterstock.com/Viktorija Reuta

Shutterstock.com/FillOmitriy Bell

E.4 ÊTRE ADO – TOUJOURS GÉNIAL?
«FRAGILE» DE SOPRANO (2019)

ACTIVITÉ AVANT LE VISIONNAGE

1. Être ado. Qu'est-ce que cela veut dire pour toi? Formule tes idées sur des petites fiches et accroche-les au tableau. *Jugendliche_r sein. Was heißt das für dich? Formuliere deine Ideen auf kleinen Zetteln und klebe diese an die Tafel.*

ACTIVITÉ PENDANT LE VISIONNAGE

2. Cherche sur Internet le clip officiel «Fragile» de Soprano (2019). Regarde-le deux fois et réponds aux questions. *Suche im Internet das offizielle Musikvideo „Fragile" von Soprano (2019). Schau es dir zweimal an und beantworte dabei die Fragen.*

Vocabulaire utile

fragile *zerbrechlich*	des tutos *die Tutorials (auf YouTube)*

le Rimmel *hier: Bezeichung für Wimperntusche*	la haine *der Hass*

le regard innocent *der unschuldige Blick*	briser *brechen*	rabaisser *runtermachen*

3. Quel slogan va le mieux avec le clip? Coche la bonne réponse. *Welcher Slogan passt am besten zum Clip? Kreuze die richtige Antwort an.*

    a) Quand tu as des problèmes au collège, il faut te confier au CPE!

    b) Quand tu as des problèmes au collège, il faut te confier à tes parents!

    c) Quand tu as des problèmes au collège, il faut te confier sur les réseaux sociaux![1]

    [1] les réseaux sociaux *soziale Netzwerke*

4. Où est-ce que le clip joue? Coche les 2 réponses correctes. *Wo spielt der Clip? Kreuze die zwei richtigen Antworten an.*

    a) dans une école   b) dans un gymnase

    c) dans une chambre   d) dans un café

Frank Reza Links: Das Hören trainieren – Französisch Lernjahr 1/2 | Frankreich-Fahne: Shutterstock.com/Viktorija Reuta

5.   Coche si l'affirmation est vraie ou fausse. *Kreuze an, ob die Aussage wahr oder falsch ist.*

	v	f
a) La première fille est une victime au gymnase.		
b) La deuxième fille est une victime de Snapchat.		

6.   Comment est-ce que tu décris la chanson? Choisis au minimum un adjectif et justifie la réponse. *Wie beschreibst du das Lied? Wähle ein oder zwei Adjektive aus und begründe deine Antwort.*

a) critique	b) heureuse	c) triste	d) agressive

ACTIVITÉ APRÈS LE VISIONNAGE

7.   Dans un forum sur Internet, on parle des réseaux sociaux. Quelle est ton opinion? Écris un commentaire (env. 50–60 mots) sur ce sujet. *In einem Internetforum spricht man über die sozialen Netzwerke. Was ist deine Meinung dazu? Schreib einen Kommentar (ca. 50–60 Wörter) über dieses Thema.*

Frank Reza Links: Das Hören trainieren – Französisch Lernjahr 1/2 I Frankreich-Fahne: Shutterstock.com/Viktorija Reuta

Lösungen

A Écouter et jouer

A.1 C'est quel mot? Unterscheidung von Minimalpaaren

a) ☒ beurre ☐ peur
b) ☐ ils ont ☒ ils sont
c) ☐ elles vont ☒ elles font
d) ☒ sœur ☐ soir
e) ☐ pain ☒ pont
f) ☐ dessert ☒ désert
g) ☒ bureau ☐ bourreau
h) ☒ temps ☐ tante

A.2 Bonne question! Satzzeichen setzen

a) Tu es de Paris**?**
b) Vous êtes les élèves du collège Trois Pins**.**
c) Je suis de Berlin**.**
d) Tu vas au lit**!**
e) Elle fait du foot**.**
f) Mais, ils ne prennent pas le métro, non**?**
g) Tu fais l'exercice, maintenant**?**
h) Nous voulons du chocolat**!**

A.3 Le bon mot

a) les macarons   b) faisons   c) un œuf   d) la classe

A.5 Salut et Bonjour

Scène 1: Les personnes se tutoient.

Scène 2: Les personnes se vouvoient.

Scène 3: Les personnes se tutoient.

Scène 4: La maman tutoie Coumba, mais Coumba vouvoie la maman.

A.7 Un peu de maths? Leichte Mathematikaufgaben lösen

1. Exercices d'addition

   a) $4 + 16 = 20$
   b) $5 + 13 = 18$

2. Exercices de soustraction

   a) $18 - 12 = 6$
   b) $13 - 4 = 9$

Frank Reza Links: Das Hören trainieren – Französisch Lernjahr 1/2 I Frankreich-Fahne: Shutterstock.com/Viktorija Reuta

3. **Exercices de multiplication**

   a) 2 x 8 = 16

   b) 4 x 2 = 8

B Compréhension globale

B.1 C'est où? Orte heraushören

1./2.

N° 3 une gare	N° 1 une cour de récréation / une école	N° 2 une piscine
N° 5 une grande ville / Paris	N° 6 une ferme	N° 4 un restaurant

B.2 «Mon précieux», Soprano (2017)

3 b)

B.3 Pas toujours facile? «Frère et sœur»

2 a)

B.4 Mon quartier à moi

1.

b	a	q	r	t	c	f	l	u	c	i	a
o	d	p	s	i	ô	b	n	m	o	r	t
u	o	e	r	g	t	h	g	v	l	n	f
l	d	c	a	f	é	l	a	b	l	u	m
a	a	h	e	r	t	r	u	e	è	m	a
n	j	a	o	p	a	r	c	m	g	t	g
g	m	r	w	u	a	t	h	l	e	q	a
e	r	c	d	a	n	s	e	f	b	m	s
r	z	u	t	n	g	p	i	m	l	o	i
i	f	t	a	c	i	n	é	m	a	b	n
e	h	e	l	l	o	e	p	a	s	d	e
t	p	r	o	m	e	n	a	d	e	v	b
l	e	i	s	u	r	e	à	p	l	u	s
u	t	e	r	r	a	i	n	a	e	n	m
s	u	p	e	r	m	a	r	c	h	é	q
f	t	r	b	d	r	o	i	t	e	h	g

2. Quand on parle de son quartier.

3 b)

Frank Reza Links: Das Hören trainieren – Französisch Lernjahr 1/2 l Frankreich-Fahne: Shutterstock.com/Viktorija Reuta

B.5 Les matières préférées au collège

1.

Allemand	Maths
SVT	EPS
Français	Histoire-géo

2. N° 1 Maths; N° 2 SVT; N° 3 Allemand; N° 4 EPS; N° 5 Histoire-géo

★ 2 a) Maths; b) SVT; c) Allemand; d) EPS; e) Histoire-géo

C Compréhension sélective

C.1 Les amis du collège Trois Pins présentent leurs correspondants

2 a) Marco

  b) «Ma corres s'appelle Lisa et elle à aussi **11 (onze)** ans.»

  c) 15 ans

  d) Il a **2 (deux)** frères.

★ 2 a) Marco

  b) «Ma corres s'appelle Lisa et elle a aussi **11 (onze)** ans.»

  c) Depuis **15 (quinze)** ans.

  d) Il a **2 (deux)** frères. Ils s'appellent **Oskar et Ben.**

C.2 Des journées de ouf!

3 a) 16 heures

  b) «[…] j'ai encore mon entrainement de tennis à **18h30 (dix-heures et demie)**.»

  c) 13.15 heures

  d) «On peut se voir peut-être à **16h45 (dix-sept heures moins le quart)**?»

★ 3. Mehdi: Alors, Fabrice. Cette semaine, c'est un peu difficile pour se donner rendez-vous. J'ai des journées de ouf! Je t'explique: mardi, j'ai cours jusqu'à **16 (seize)** heures et après, j'ai encore mon entrainement de tennis à **18 (dix-huit)** heures **30 (et demie)**. Mercredi, on va chez mes grands-parents. On prend le train à **13 (treize)** heures et on rentre vers **20 (vingt)** heures. Grave, quoi! Jeudi, je vais réviser pour l'interro de maths qu'on va passer lundi prochain à **8 (huit)** heures. Est-ce que tu révises déjà beaucoup? Bon, je continue: vendredi, après l'école, on va à Paris parce que j'ai une compétition de tennis ce samedi à partir de **10 (dix)** heures. On rentre dimanche dans l'après-midi. On peut se voir peut-être à **16h45 (dix-sept heures moins le quart)**? Je te jure! Je sais, c'est pas donné, mais j'espère que tu as un petit moment de libre.

Frank Reza Links: Das Hören trainieren – Französisch Lernjahr 1 / 2 | Frankreich-Fahne: Shutterstock.com/Viktorija Reuta

C.3 Moi, j'adore les chiens!

1.

Photo n° 2 un cheval	Photo n° 5 un cochon d'Inde	Photo n° 1 un chien
Photo n° 6 un poisson rouge	Photo n° 7 un serpent	Photo n° 8 un chat
Photo n° 4 une tortue	Photo n° 9 un perroquet	Photo n° 3 une souris

2 a) Willy; b) adorable, intelligente; c) un serpent; d) son oncle

★ 2 a) Willy; b) (lente), adorable, intelligente; c) un serpent; d) son oncle

C.4 Quel temps fait-il?

1.

le soleil, chaud, beau	le vent, froid	la neige, froid
le nuage, nuageux	le brouillard	l'orage, orageux, froid
la pluie	la température	le degré

2 a) du brouillard

   b) Vers midi, il va faire jusqu'à **25 (vingt-cinq)** degrés.

   c) Les températures sont **normales pour la saison**.

   d) de la pluie

   e) un ciel dégagé

   f) oui

★ 2 a) Le matin, il y a **du brouillard**.

   b) Vers midi, il va faire jusqu'à **25 (vingt-cinq) degrés**.

   c) Les températures **sont normales** pour la saison.

   d) Dans l'après-midi, il peut y avoir **de la pluie**.

   e) La nuit il va y avoir **un ciel dégagé**.

   f) oui

Frank Reza Links: Das Hören trainieren – Französisch Lernjahr 1/2 | Frankreich-Fahne: Shutterstock.com/Viktorija Reuta; Wettersymbole: Shutterstock.com/ snorks

D Compréhension détaillée

D.1 Comment vas-tu?

2.

Nom	😢	😊	😡	😨	😴
Lucie		X			
Fabrice			X		
Coumba					X
Mehdi	X				

★ 2 a) Lucie est **contente**.

　　b) Fabrice est en **colère**.

　　c) Coumba est **fatiguée**.

　　d) Mehdi est **triste**.

D.2 Encore du retard!

1.　Il y a un enfant à la gare qui attend un train. Mais le train a du retard.

3 a) 6 3 5; b) 13h55; c) voie 3; d) Saverne, Sarrebourg; e) quinze minutes avant le départ

★ 3 a) 635

　　b) Le train va partir à **13h55 (treize heures cinquante-cinq)**.

　　c) Le nouveau départ va s'effectuer sur **la voie 3**.

　　d) Saverne, Sarrebourg, Meuse TGV, Lorraine TGV, Champagne-Ardenne TGV, Paris-Est

　　e) Il doit être sur la voie **15 (quinze) minutes** avant le départ.

D.3 Mon look à moi

2.

			v	f
a) Coumba aime les baskets noires et jaunes de Mehdi.				X
b) Fabrice veut acheter un tee-shirt rouge.			X	
c) Lucie trouve que Coumba a un look sportif.				X
d) Coumba va acheter une robe avec des fleurs.				X

3 a) Coumba n'aime pas les baskets noires et jaunes, elle aime les baskets bleues.

　　c) Lucie trouve que Coumba a un look élégant.

　　d) Coumba va acheter une robe (violette) sans fleurs.

Frank Reza Links: Das Hören trainieren – Französisch Lernjahr 1/2 | Frankreich-Fahne: Shutterstock.com/Viktorija Reuta; weinendes Emoji / ängstliches Emoji: Shutterstock.com/ober-art; zufriedenes Emoji: Shutterstock.com/Yayayoyo; wütendes Emoji: Shutterstock.com/Petrovic Igor; schnarchendes Emoji: Shutterstock.com/ProStockStudio

D.4 Mon rêve se fait réalité: «J'ai cherché» d'Amir (2016)

> Nom: Amir (Laurent Amir Haddad)
> Né le: 22/06/1984
> A participé à: The Voice, Eurovision Song Contest (2016)
> Chansons célèbres: *J'ai cherché, On dirait, Longtemps*

2 a) Ne rêve pas ta vie! Vie ton rêve!

  b) français et anglais

  c) du ballet

  d) du kickboxing

  e) Réponses possibles: dynamique, calme, mélodique, harmonieuse

E   Komplexe Übungs- und Prüfungsaufgaben

E.1 La fête de la musique

1.

Photo n° 3 des fraises	Photo n° 1 une affiche	Photo n° 8 une salade
Photo n° 7 des fruits	Photo n° 6 un coca	Photo n° 5 des biscuits
Photo n° 4 des chips	Photo n° 9 un gâteau	Photo n° 2 un jus de fruits

3 a) La préparation de la fête de la musique au collège

  b) Les trompettes à Jojo

  c) une tarte au chocolat et une tarte aux fraises

  d) Je vais apporter des chips et des **biscuits**.

  e) Elle n'est pas d'accord.

  f) Fabrice

★ 3 a) La préparation de la fête de la musique au collège

  b) Les trompettes à **Jojo**

  c) Une tarte **au chocolat** et une tarte **aux fraises**

  d) Je vais apporter des chips et des **biscuits**.

  e) Elle n'est pas d'accord.

  f) C'est Fabrice.

Frank Reza Links: Das Hören trainieren – Französisch Lernjahr 1/2 I Frankreich-Fahne: Shutterstock.com/Viktorija Reuta

E.2 Viens à Paris!

2 a) les attractions à Paris

  b) 2,50 euros

  c) «Pourquoi pas une **balade** sur les Champs-Élysées?»

  d) «Donc, tu dois absolument voir **un match** du club Paris Saint-Germain **au stade du** Parc des Princes à Porte de Saint Cloud.»

  e) une publicité pour Paris

★ 2 a) les attractions à Paris

  b) C'est 2,50 euros.

  c) «Pourquoi pas une **balade** sur les Champs-Élysées?»

  d) «Donc, tu dois absolument voir **un match du club** Paris Saint-Germain **au stade du** Parc des Princes à Porte de Saint Cloud.»

  e) une publicité pour Paris

E.3. Vos vacances préférées. Une interview sur Webradio Cadets

2. Quelles sont les vacances préférées des enfants? Coche la bonne réponse.

	☀	❄	☀❄
Fabrice	X		
Lucie	X		
Mehdi		X	
Coumba			X

3 a) faux; b) vrai; c) faux

4. Le soir, Mehdi aime
   ☒ jouer aux jeux
   ☒ lire des livres

5. Parce qu'elle a un concours de patinage.

E. 4 Être ado – toujours génial? «Fragile» de Soprano (2019)

3 b)

4 a) c)

5 a) faux; b) vrai

6 critique / triste (Réponse individuelle)

Frank Reza Links: Das Hören trainieren – Französisch Lernjahr 1/2 I Frankreich-Fahne: Shutterstock.com/Viktorija Reuta; Wettersymbole: Shutterstock.com/snorks

Transkripte

A Écouter et jouer

CD, document sonore n° 1

a) ☐ beurre   ☐ peur

b) ☐ ils ont   ☐ ils sont

c) ☐ elles vont   ☐ elles font

d) ☐ sœur   ☐ soir

e) ☐ pain   ☐ pont

f) ☐ dessert   ☐ désert

g) ☐ bureau   ☐ bourreau

h) ☐ temps   ☐ tante

CD, document sonore n° 2

a) Tu es de Paris?

b) Vous êtes les élèves du collège Trois Pins.

c) Je suis de Berlin.

d) Tu vas au lit!

e) Elle fait du foot.

f) Mais, ils ne prennent pas le métro, non?

g) Tu fais l'exercice, maintenant?

h) Nous voulons du chocolat!

CD, document sonore n° 3

a) les macarons

b) faisons

c) un œuf

d) la classe

CD, document sonore n° 4

Scène 1

Fabrice: Salut, Mehdi! La pêche, mon ami?

Mehdi: Eh, Fabrice, mon pote! Ça va, ça va. Et toi?

Scène 2

Le boulanger: Bonjour, Madame Dupont. Qu'est-ce que vous désirez?

Mme Dupont: Bonjour, monsieur. Je voudrais une baguette et deux croissants, s'il vous plaît.

Scène 3

Mme Dupont: Salut, ma chérie. Tout va bien?

Lucie: Non, maman, ça ne va pas du tout. J'ai trop faim…

Frank Reza Links: Das Hören trainieren – Französisch Lernjahr 1/2 I Frankreich-Fahne: Shutterstock.com/Viktorija Reuta

Scène 4

Mme Dupont: Bonjour, Coumba. Tu vas bien?

Coumba: Bonjour, Madame Dupont. Oui, je vais bien, merci. Et vous?

CD, document sonore n° 5

Voilà, la cour de récré du collège Trois Pins. Fabrice joue au basket avec son ami Mehdi. Ils adorent faire du sport ensemble et ils rigolent beaucoup. Lucie attend Coumba à côté d'un grand arbre. Mais qu'est-ce qui se passe? Il est presque huit heures et Coumba n'est pas encore là. C'est bizarre. Et tout à coup, on entend la sonnerie. Le surveillant appelle les élèves – le cours commence. Ah, regardez! Enfin, Coumba arrive.

CD, document sonore n° 6

1. **Exercices d'addition**

   Exemple: Trois plus trois égalent six.

   a) 4 + 16 =

   b) 5 + 13 =

2. **Exercices de soustraction**

   Exemple: Quatre moins deux égalent deux.

   a) 18 – 12 =

   b) 13 – 4 =

3. **Exercices de multiplication**

   Exemple: Trois fois quatre égalent douze.

   a) 2 x 8 =

   b) 4 x 2 =

B   Compréhension globale

CD, document sonore n° 8

Fabrice: Salut mes amis. Je vais faire un projet de géographie et j'ai des questions à vous poser. Merci d'avoir pris du temps pour m'aider. Alors, Mehdi, est-ce que tu peux me dire où tu aimes bien passer ton temps libre dans ton quartier?

Mehdi: Eh ben, le mercredi après-midi, je suis toujours sur le terrain de sport pour faire du foot avec mes frères. Mais je fais encore aussi du sport, notamment du tennis. Et le week-end, j'aide mes parents à faire les courses au supermarché et parfois je vais au cinéma à côté de la maison de ma tante rue Racine. Par exemple samedi prochain, je vais voir le film du Petit Nicolas. Je vais beaucoup rigoler.

Fabrice: Oui, je sais. Samedi, on va ensemble au cinéma. Et toi, Lucie? Qu'est-ce que tu aimes dans ton quartier?

Lucie: Alors moi, j'adore le grand parc de Beaumarchais au centre de mon quartier. Il n'est pas très loin du collège. Je fais souvent des promenades avec Wally et, nous aimons passer du temps dans la nature. Mais, le week-end, on profite du temps et on va dans les forêts de la

Frank Reza Links: Das Hören trainieren – Französisch Lernjahr 1/2 | Frankreich-Fahne: Shutterstock.com/Viktorija Reuta

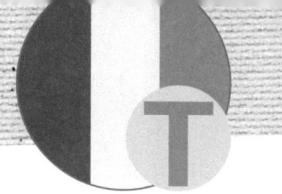

région. Parfois, je vais au café situé près de la boulangerie avec ma grand-mère. Elle adore parler de sa jeunesse. Et le dimanche, j'achète le pain là-bas.

Fabrice: Elle est où la boulangerie?

Lucie: Rue Molière, là où il y a aussi mon école de danse. Tu sais?

Fabrice: Ah, oui. Je vois où c'est maintenant. Bon, Coumba: tu peux me dire qu'est-ce que tu fais dans ton quartier?

Coumba: Bon, tu sais: j'adore faire du shopping et je vais souvent dans les magasins de vêtements rue Marivaux. Le week-end, je dois toujours aller à la charcuterie dans la rue Rostand. Mes parents aiment préparer des plats typiques du Cameroun pour le dimanche.

Fabrice: Merci, mes amis. Vous m'avez beaucoup aidé.

CD, document sonore n° 9

Mehdi: Eh, les amis, salut!

Lucie (fait la bise à Mehdi): Salut, Mehdi, salut Coumba et Fabrice. Comment allez-vous? Vous avez passé un bon week-end?

Fabrice: Ça va. Mon week-end a été tranquille. Mais je suis encore fatigué. C'est lundi – je n'ai pas envie d'aller en cours.

Coumba: Oui, moi non plus. Là, on a cours de maths avec Monsieur Martin. Ce n'est vraiment pas ma matière préférée. J'ai un grand problème avec la géométrie. Ôh! Je déteste les maths!

Mehdi: C'est vrai. En plus, on va faire une interro la semaine prochaine. J'ai un peu peur là.

Lucie: Alors moi, j'adore les maths et Monsieur Martin est super gentil avec nous. Il explique tout. Si vous voulez, je peux vous aider. Mais la prof de SVT, Mme Colin, est extrêmement sévère. Je ne comprends rien et je crois que je ne vais jamais rien comprendre. Je préfère le cours d'allemand avec Mme Schmidt.

Fabrice: Bof, ça va, elle n'est pas trop sévère. Elle veut faire beaucoup de choses avec nous, c'est tout. Mais tu as raison: Mme Schmidt est trop cool. Et elle veut aller à Cologne avec nous. Je veux absolument voir la cathédrale. Vous aimez aussi le cours d'allemand?

Coumba: Oui, mais ce n'est pas ma matière préférée. J'adore le cours d'EPS avec M Favre – il est sportif et explique toujours les exercices.

Mehdi: Moi aussi, j'adore trop le cours d'EPS. Mais ma matière préférée, c'est l'histoire-géo avec Mme Dubois. Elle est adorable et elle explique vachement bien.

(On entend la sonnerie)

*Lucie:*Oh, les amis! Il faut aller en cours – il est huit heures. Vite, vite!

C   Compréhension sélective

CD, document sonore n° 10

Fabrice: Trop cool! La semaine prochaine, je vais être chez Marco à Stuttgart. Sa sœur Marie est aussi en chaise roulante. Donc, la famille ne va pas avoir de problèmes avec moi. Marco aime faire du basket, comme moi. Ça va être super!

Lucie: Oui! Moi aussi, j'ai beaucoup envie d'aller en Allemagne. Ma corres s'appelle Lisa et elle a aussi 11 ans, comme moi. Ses parents sont séparés, sa mère habite à Wuppertal et son père

à Remscheid. Mais on va être chez sa maman. Il y a un théâtre et on va voir un spectacle de danse.

Coumba: C'est génial, Lucie! Moi, je vais passer une semaine à Mannheim, chez Leila. Ses parents viennent d'Iran, mais ils habitent depuis quinze ans en Allemagne. Un peu comme ma famille. Leila aime faire de la natation, donc on va aller à la piscine.

Mehdi: Vivement lundi prochain, quand je vais être dans le train pour Berlin! Mon corres s'appelle Emil et il a deux frères: Oskar et Ben. Ils font de l'aviron sur la Spree. Je vais essayer aussi et je vais vous raconter.

Lucie: Absolument! Je crois qu'on va tous passer une excellente semaine en Allemagne. Mme Schmidt va être très contente.

CD, document sonore n° 11

Mehdi: Alors, Fabrice. Cette semaine, ça va être un peu difficile pour se donner rendez-vous. J'ai des journées de ouf! Je t'explique: mardi, j'ai cours jusqu'à seize heures et après, j'ai encore mon entrainement de tennis à dix-huit heures et demie. Mercredi, on va chez mes grands-parents. On prend le train à treize heures et quart et on rentre vers vingt heures. Grave, quoi! Jeudi, je vais réviser pour l'interro de maths qu'on va passer lundi prochain à huit heures. Est-ce que tu révises déjà beaucoup? Bon, je continue: vendredi, après l'école, on va à Paris parce que j'ai une compétition de tennis ce samedi à partir de dix heures. On rentre dimanche dans l'après-midi. On peut se voir peut-être à dix-sept heures moins le quart? Je te jure, mon pote! Je sais, ce n'est pas donné, mais j'espère qu'on va encore trouver un petit moment de libre.

CD, document sonore n° 12

Présentateur: Salut et bienvenue sur Webradio Cadets. Aujourd'hui, tout tourne autour de nos amis, les animaux. Les quatre amis du collège Trois Pins sont chez moi et nous avons un invité très spécial : Wally, le chien de Lucie. Salut Wally!

Wally: Ouaf! Ouaf!

Présentateur: Ahah! Il est génial. Alors, Lucie, est-ce qu'on peut dire que le chien est ton animal préféré?

Lucie: Bien sûr! J'adore les chiens et Wally est un super ami. Nous jouons beaucoup et le week-end, nous faisons toujours des randonnées. En plus, il a le même âge que moi: 11 ans. Wally est un véritable membre de la famille. Ma tante a aussi un chien, il s'appelle Willy. Elle est professeure dans un collège et Willy est un chien d'assistance. Cela veut dire qu'il va au collège avec ma tante et il aide les élèves. C'est trop chouette!

Présentateur: C'est super! Les chiens à l'école, c'est une bonne idée. Donc, vous êtes une famille active avec Wally et Willy. Et toi, Fabrice, est-ce que tu as des animaux préférés?

Fabrice: Alors, moi, j'ai une tortue qui s'appelle Zippo. Elle est lente, mais adorable. Parfois, elle marche sous mon lit et je dois toujours regarder où elle est. Je voudrais bien avoir un chat, mais mon père est allergique aux chats, donc on a seulement la tortue.

Coumba: Eh oui, Zippo est très intelligente. Elle se cache très souvent et après on la cherche. Moi, je n'ai pas d'animal à la maison. Mais, j'adore les serpents et j'aimerais bien avoir un boa. Mon frère a un perroquet qui bavarde toute la journée. Ça m'énerve!

Présentateur: Ouh là là! Les perroquets parlent toujours beaucoup. Quant aux serpents, ils sont beaux, mais ce n'est pas toujours facile de garder ces animaux à la maison.

Mehdi: Oui, c'est vrai. Mon cousin a deux serpents dans un énorme terrarium.

Présentateur: Tiens, c'est cool! Et toi, tu as un animal préféré, Mehdi?

Mehdi: En fait, on a deux cochons d'Inde: Pingo et Pongo. Et j'adore les chevaux, mais on habite au centre-ville, donc, je ne peux pas avoir de cheval à la maison. Ahah! Par contre, mon oncle a une grande écurie avec beaucoup de chevaux. C'est là où je fais de l'équitation. Mon cheval préféré est Éclair, un Camargue.

Présentateur: Dis donc, vous avez tous des animaux préférés très différents. C'est cool, en tout cas. Merci pour votre visite et à très bientôt sur Webradio Cadets!

CD, document sonore n° 13

Coumba: Écoute, Mehdi, quel temps fait-il aujourd'hui ? On veut aller au lac.

Mehdi: Je ne sais pas, Coumba. Attends! Je vais mettre la radio et on va écouter la météo.

Présentateur (jingle intro): Et maintenant sur Webradio Cadets: les prévisions pour aujourd'hui. Ce matin, il va encore faire un peu froid et il y a du brouillard. Le ciel va être partiellement nuageux. Il va faire entre 13 et 15°C. Mais au cours de la journée, il va faire plus chaud. Vers midi, le ciel va se dégager et le soleil va briller. Les températures peuvent grimper jusqu'à 25 degrés et sont donc normales pour la saison. C'est une journée idéale pour aller à la plage ou faire une randonnée dans la nature. Mais, attention: vers l'après-midi, il va y avoir plus de nuages et il peut y avoir de la pluie. La nuit va être très calme avec un ciel dégagé: Il n'y a pas de vent comme hier. Passez une belle journée avec Webradio Cadets. *(jingle outro)*

Coumba: Trop bien! Donc, je vais préparer des sandwichs – de quoi grignoter et on y va?

Mehdi: Bon plan! Je vais encore acheter de l'eau et quelques fruits.

D Compréhension détaillée

CD, document sonore n° 14

Fabrice: Ça m'énerve! On s'est entraîné comme des fous et on a encore perdu le dernier match de basket. Zut, alors!

Lucie: C'est trop cool! Wally et moi, on va passer une semaine au bord de la mer en Bretagne chez ma tante Marie-Christine.

Coumba: Je crois que je vais faire dodo. Le cours de maths m'a complètement épuisée. Bon, je vais aller faire téter les puces.

Mehdi: C'est nul! Mon frère Karim va partir deux mois en Allemagne. Je ne vais pas pouvoir jouer avec lui. C'est vraiment dommage!

Frank Reza Links: Das Hören trainieren – Französisch Lernjahr 1/2 | Frankreich-Fahne: Shutterstock.com/Viktorija Reuta

CD, document sonore n° 15

Annonce via haut-parleur (jingle intro): Attention, chers voyageurs de la SNCF. Le TGV numéro six trois cinq en provenance de Strasbourg et à destination de Paris-Est, départ initialement prévu pour treize heures quinze, va aujourd'hui partir à treize heures cinquante-cinq en raison d'un problème technique. Nous vous prions d'excuser ce retard. Le nouveau départ va se faire sur la voie 3. Ce train va également desservir les gares de Saverne, Sarrebourg, Lorraine TGV, Meuse TGV, Champagne-Ardenne TGV, Paris-Est. Pour des raisons de sécurité, rendez-vous à la voie 3 au moins quinze minutes avant le départ et équipez vos bagages des étiquettes. Merci de votre compréhension. *(Jingle outro)*

Mehdi: Oh, non! C'est trop bête – maintenant on va arriver beaucoup trop tard à Sarrebourg!

CD, document sonore n° 16

Mehdi: Regardez, les amis! Je vais acheter ces baskets noires et jaunes. Je kiffe trop les couleurs et comme je suis très sportif, elles sont nickel.

Coumba: Alors là, Mehdi. Je ne sais pas! Je trouve qu'elles sont extrêmement moches. Mais regarde! Ces baskets bleues te vont super bien.

Mehdi: Tu penses vraiment? OK, je vais les essayer.

Lucie: Tu trouves quelque chose, Fabrice?

Fabrice: Oui, j'aimerais bien acheter ce tee-shirt rouge avec une image de mon groupe de musique préféré: Les Incendiaires. Tu crois que la couleur me va bien?

Lucie: Tu as un bon look et très bon goût. Moi aussi, j'adore ce groupe. Tu peux mettre le tee-shirt pour voir, mais il va t'aller vachement bien, j'en suis sûre.

Coumba: Eh, Lucie! Tu as vu cette robe verte avec des fleurs roses? Comment est-ce que tu la trouves?

Lucie: Je ne sais pas, Coumba. Tu as un look élégant, d'accord. Mais cette robe est un peu démodée. Ce n'est pas ton style.

Mehdi: Oui, Coumba. Lucie a raison – la robe n'est pas très belle. En plus, elle est chère!

Coumba: D'accord, d'accord. Ça va, j'ai compris. Je vais prendre la robe violette alors, sans fleurs.

Fabrice: Bonne idée. C'est une très belle couleur. Est-ce que nous avons tous trouvé quelque chose?

Lucie: Non, moi, je cherche encore une chemise. Je voudrais acheter une chemise bleue. Mais je n'en trouve pas.

Coumba: Mais, regarde! Ici, tu peux chercher des chemises. Celle-ci est trop belle. Elle va bien avec ton look.

Lucie: Oui, c'est vrai. Elle est hyper chouette. Je vais l'acheter alors.

Mehdi: Ok, maintenant nous pouvons aller manger une glace chez Mario, ça vous va?

Les trois autres: Oui, allons-y!

Frank Reza Links: Das Hören trainieren – Französisch Lernjahr 1 / 2 | Frankreich-Fahne: Shutterstock.com/Viktorija Reuta

E Komplexe Übungs- und Prüfungsaufgaben

CD, document sonore n° 17

Lucie: Bien, mes amis. Jeudi prochain, c'est le vingt-et-un juin et il faut encore préparer la fête de la musique au collège.

Coumba: Alors, les groupes de musique sont déjà au programme. Mon cousin Léo va faire du rap et l'orchestre du collège «Les trompettes à Jojo» va aussi jouer.

Fabrice: Génial! Mais qu'est-ce qu'on va manger?

Mehdi: Ma mère va préparer une tarte au chocolat et une tarte aux fraises pour le buffet.

Lucie: Moi, je vais apporter des chips et des biscuits.

Coumba: Oh non! Pas encore des chips. Je n'aime pas les chips et nous voulons faire un buffet qui est bon pour la santé.

Lucie: Avec des tartes? Tu parles! Mais, d'accord, comme tu veux. J'achète quand même des biscuits et cinq bouteilles de coca.

Coumba: Non, mais, Lucie! Pas de coca non plus!

Fabrice: Tranquille, Coumba! Ce n'est pas grave. On va laisser tomber le coca. Tu apportes seulement les biscuits, Lucie. Et moi, je vais acheter des jus de fruits et de l'eau. C'est bon comme ça?

Coumba: Super! Merci, Fabrice! Moi, je vais préparer deux salades.

Lucie: Ok, je peux encore acheter des pommes, des poires, des bananes, etc. pour faire une salade de fruits. Ça te va, Coumba?

Coumba: Bonne idée, oui! Donc, on a tout ce qu'il faut. Apportez tout pour jeudi matin, comme ça, on peut déjà commencer à préparer et à décorer la salle pour la fête.

CD, document sonore n° 18

Présentateur: Viens visiter Paris! La ville des lumières, la ville de l'amour! C'est ici que se trouve le monument le plus visité de France: la Tour Eiffel. Prends la ligne 6 du métro et descends à la station Bir-Hakeim. Quand tu sors du métro, tu vas très vite voir cette énorme attraction. Les tarifs pour monter sont très variés. Tu as entre 4 et 11 ans et tu veux monter jusqu'au deuxième étage à pied? C'est 2,50 euros. Mais si tu as déjà 12 ans ou plus, ça va coûter 5,10 euros. Est-ce que tu aimes faire du shopping? Pourquoi pas une balade sur les Champs-Élysées? Ici, tu trouves toutes les grandes marques de la mode – mais, c'est très cher! Pour les amoureux de la culture, il faut surtout visiter le Louvre. C'est le plus grand musée du monde! En plus, pour les jeunes de moins de 18 ans, l'entrée au musée est gratuite. Cool, non? Tu es fan de foot? Alors tu dois absolument voir un match du club Paris Saint-Germain au stade du Parc des Princes à Porte de Saint Cloud. Mais ce n'est pas encore tout. La capitale de la France offre beaucoup d'attractions et d'activités. Tu vois, il faut venir visiter Paris – l'e des plus belles villes de d'Europe.

CD, document sonore n° 19

Présentateur: Bonjour à toutes et à tous et bienvenue sur Webradio Cadets. Moi, c'est Sébastien Dupont et vous écoutez votre émission préférée: Affaires de cadets! Aujourd'hui, il

Frank Reza Links: Das Hören trainieren – Französisch Lernjahr 1/2 l Frankreich-Fahne: Shutterstock.com/Viktorija Reuta

fait très chaud et on a envie que les vacances commencent bientôt. Chez moi, il y a quatre jeunes de la sixième B du collège Trois Pins. Bonjour Fabrice, Lucie, Mehdi et Coumba!

Fabrice, Lucie, Mehdi, Coumba (ensemble et enthousiastes): Bonjour, Sébastien!

Présentateur: Aujourd'hui, nous allons parler de vos vacances préférées. Alors, Fabrice, tu veux te présenter et nous parler un peu de ce que tu vas faire pendant les vacances?

Fabrice: Salut! Je m'appelle Fabrice Leroy et j'ai 12 ans. Cette année, j'ai la chance de participer pendant deux semaines à un camp de sport international pour des jeunes avec des handicaps en Belgique. va y avoir des jeunes en provenance de France, d'Allemagne, de Belgique et des Pays-Bas. On va faire du basket et plein d'autres activités sportives. Ça va être génial! Je me réjouis d'y aller et ce sont mes vacances préférées cette année.

Présentateur: Oui, en effet. C'est une très bonne idée. Et toi, Lucie? Qu'est-ce que tu vas faire cet été?

Lucie: Salut, je suis Lucie Dupont et j'ai 11 ans. Moi, j'adore les vacances d'été aussi parce que cette année, je vais rendre visite à mes grands-parents en Bretagne. Ils vivent près de Brest, au bord de la mer. Je vais y aller avec ma sœur et mon chien Wally. Je vais faire un cours de surf. Ça va être fun!

Présentateur: C'est très cool, Lucie. Tu vas profiter pleinement de l'été alors. Ok, Mehdi: tu veux bien nous parler un peu de tes projets de vacances?

Mehdi: Bonjour! Je m'appelle Mehdi Abderrahim et j'ai 10 ans et demi. Moi, je n'aime pas trop les vacances d'été. Je préfère les vacances d'hiver parce que nous allons toujours faire du ski dans les Pyrénées. Et le soir, nous jouons à des jeux de société ou je lis mes livres préférés. J'adore la neige et l'hiver – c'est fantastique!

Présentateur: Avec les températures d'aujourd'hui, ça rafraîchit un peu du coup. Pour terminer, on va encore écouter Coumba qui va nous parler de ses vacances préférées.

Coumba: Salut, je suis Coumba Diop et j'ai 11 ans. Je n'ai pas de vacances préférées parce que j'aime toujours avoir du temps libre pour profiter de mes hobbys. Je fais de l'aviron en été et du patinage en hiver. Cette année, je vais participer à un concours de patinage à Grenoble. Je suis un peu stressée, mais ça va aller.

Présentateur: En tout cas, on te souhaite bonne chance, Coumba. Tout va bien se passer! Ok, c'est déjà l'heure et je vous dis merci à vous quatre pour vos commentaires au sujet de vos vacances préférées. Et merci à vous toutes et tous de nous avoir écouté. A très bientôt sur Webradio Cadets.

Frank Reza Links: Das Hören trainieren – Französisch Lernjahr 1 / 2 | Frankreich-Fahne: Shutterstock.com/Viktorija Reuta